# Indisk Kjøkken Kunst

En Kulinarisk Reise gjennom Smakene av India

Priya Sharma

# Innhold

egyptisk Bhel ..................................................................... 18
    Innhold ....................................................................... 18
    En metode .................................................................. 18
Meethi Gotta ..................................................................... 19
    Innhold ....................................................................... 19
    En metode .................................................................. 20
Kom til meg ...................................................................... 21
    Innhold ....................................................................... 21
    En metode .................................................................. 21
Idli Plus ............................................................................ 22
    Innhold ....................................................................... 22
    En metode .................................................................. 23
Masala Sandwich .............................................................. 24
    Innhold ....................................................................... 24
    En metode .................................................................. 25
Kebab mynte ..................................................................... 26
    Innhold ....................................................................... 26
    En metode .................................................................. 26
Urte Sevia Upma ............................................................... 27
    Innhold ....................................................................... 27
    En metode .................................................................. 28
Kozi Varatha Curry ............................................................ 28
    Innhold ....................................................................... 28

En metode ............................................................................................... 29
kyllinggryte ............................................................................................... 30
    Innhold .................................................................................................. 30
    En metode ............................................................................................ 31
Himani kylling ........................................................................................... 32
    Innhold .................................................................................................. 32
    Til marinaden: ...................................................................................... 32
    En metode ............................................................................................ 32
hvit kylling ................................................................................................. 33
    Innhold .................................................................................................. 33
    En metode ............................................................................................ 34
Kylling i rød masala ................................................................................... 35
    Innhold .................................................................................................. 35
    En metode ............................................................................................ 36
jhalfrezie kylling ........................................................................................ 37
    Innhold .................................................................................................. 37
    En metode ............................................................................................ 38
Enkel kylling karri ...................................................................................... 39
    Innhold .................................................................................................. 39
    En metode ............................................................................................ 40
Delt kylling karri ........................................................................................ 41
    Innhold .................................................................................................. 41
    En metode ............................................................................................ 42
Tørr kylling Anjeer .................................................................................... 43
    Innhold .................................................................................................. 43
    Til marinaden: ...................................................................................... 43
    En metode ............................................................................................ 44

kyllingyoghurt ................................................................................ 45

    Innhold ....................................................................................... 45

    En metode ................................................................................ 46

Krydret stekt kylling ...................................................................... 47

    Innhold ....................................................................................... 47

    En metode ................................................................................ 48

Kylling Supreme .............................................................................. 49

    Innhold ....................................................................................... 49

    En metode ................................................................................ 50

kylling Vindaloo .............................................................................. 51

    Innhold ....................................................................................... 51

    En metode ................................................................................ 52

karamellisert kylling ....................................................................... 53

    Innhold ....................................................................................... 53

    En metode ................................................................................ 54

Cashew kylling ................................................................................. 55

    Innhold ....................................................................................... 55

    En metode ................................................................................ 56

rask kylling ....................................................................................... 57

    Innhold ....................................................................................... 57

    En metode ................................................................................ 58

Coorgi kylling karri ......................................................................... 59

    Innhold ....................................................................................... 59

    En metode ................................................................................ 60

Kylling i panne ................................................................................. 61

    Innhold ....................................................................................... 61

    En metode ................................................................................ 62

Spinat Kylling .................................................................................................... 63

    Innhold ........................................................................................................ 63

    En metode .................................................................................................. 64

Indisk kylling .................................................................................................. 65

    Innhold ........................................................................................................ 65

    For krydderblandingen: ........................................................................... 65

    En metode .................................................................................................. 66

Kori Gassi ........................................................................................................ 67

    Innhold ........................................................................................................ 67

    En metode .................................................................................................. 68

Kylling Ghezado ............................................................................................. 69

    Innhold ........................................................................................................ 69

    En metode .................................................................................................. 69

Kylling med tomatsaus ................................................................................ 70

    Innhold ........................................................................................................ 70

    En metode .................................................................................................. 71

Shahenshah Murgh ...................................................................................... 72

    Innhold ........................................................................................................ 72

    En metode .................................................................................................. 73

Kylling do Pyaaza .......................................................................................... 74

    Innhold ........................................................................................................ 74

    En metode .................................................................................................. 75

Bengal kylling ................................................................................................. 76

    Innhold ........................................................................................................ 76

    En metode .................................................................................................. 76

Lasooni Murgh ............................................................................................... 77

    Innhold ........................................................................................................ 77

En metode ........................................................................... 78
Kyllingkoffein ........................................................................ 79
    Innhold ............................................................................ 79
    Til marinaden: .................................................................. 79
    En metode ....................................................................... 80
Aprikos Kylling ..................................................................... 81
    Innhold ............................................................................ 81
    En metode ....................................................................... 82
Grillet kylling ........................................................................ 83
    Innhold ............................................................................ 83
    En metode ....................................................................... 84
Chile Duck Chile ................................................................... 85
    Innhold ............................................................................ 85
    En metode ....................................................................... 86
Kylling Bhuna ....................................................................... 87
    Innhold ............................................................................ 87
    En metode ....................................................................... 88
Egg Kylling Curry .................................................................. 89
    Innhold ............................................................................ 89
    En metode ....................................................................... 90
Krydret stekt kylling ............................................................. 91
    Innhold ............................................................................ 91
    Til marinaden: .................................................................. 91
    En metode ....................................................................... 92
Goan Combi ......................................................................... 93
    Innhold ............................................................................ 93
    En metode ....................................................................... 94

Southern Chicken Curry ................................................................ 95
    Innhold ................................................................................. 95
    En metode ........................................................................... 96
Nizami kylling .............................................................................. 97
    Innhold ................................................................................. 97
    For krydderblandingen: .................................................... 97
    En metode ........................................................................... 98
andbøffel .................................................................................... 99
    Innhold ................................................................................. 99
    En metode ........................................................................... 99
Adraki Murgh ............................................................................ 101
    Innhold ............................................................................... 101
    En metode ......................................................................... 101
Bharva Murgh ........................................................................... 102
    Innhold ............................................................................... 102
    En metode ......................................................................... 103
Malaidar Murgh ........................................................................ 104
    Innhold ............................................................................... 104
    En metode ......................................................................... 105
Bombay Chicken Curry ............................................................ 106
    Innhold ............................................................................... 106
    En metode ......................................................................... 107
Kylling Durbari .......................................................................... 108
    Innhold ............................................................................... 108
    En metode ......................................................................... 109
grillet and ................................................................................. 110
    Innhold ............................................................................... 110

En metode .................................................................................................... 110
Koriander Hvitløk Kylling ................................................................... 111
    Innhold ...................................................................................... 111
    En metode ................................................................................ 112
and masala ........................................................................................ 113
    Innhold ...................................................................................... 113
    En metode ................................................................................ 114
sennep kylling .................................................................................... 115
    Innhold ...................................................................................... 115
    En metode ................................................................................ 116
Murgh Lassanwallah ......................................................................... 117
    Innhold ...................................................................................... 117
    En metode ................................................................................ 118
Chili kylling Chettinad ....................................................................... 119
    Innhold ...................................................................................... 119
    En metode ................................................................................ 120
Hakket kylling med egg .................................................................... 121
    Innhold ...................................................................................... 121
    En metode ................................................................................ 122
tørr kylling ......................................................................................... 123
    Innhold ...................................................................................... 123
    Til marinaden: .......................................................................... 123
    En metode ................................................................................ 124
Fisk Kebab ......................................................................................... 125
    Innhold ...................................................................................... 125
    For fylling: ................................................................................. 125
    En metode ................................................................................ 126

fiskekotelett ................................................................................................................... 128
    Innhold ............................................................................................................ 128
    En metode ...................................................................................................... 129
Fisk Sookha ..................................................................................................... 131
    Innhold ............................................................................................................ 131
    En metode ...................................................................................................... 132
Ridge Kalia ....................................................................................................... 133
    Innhold ............................................................................................................ 133
    En metode ...................................................................................................... 134
Reker Curry Rosachi ...................................................................................... 135
    Innhold ............................................................................................................ 135
    En metode ...................................................................................................... 136
Fisk fylt med dadler og mandler .................................................................. 137
    Innhold ............................................................................................................ 137
    En metode ...................................................................................................... 137
Tandoori fisk .................................................................................................... 139
    Innhold ............................................................................................................ 139
    En metode ...................................................................................................... 139
Grønnsaksfisk ................................................................................................. 140
    Innhold ............................................................................................................ 140
    En metode ...................................................................................................... 141
Gulnar Tandoori .............................................................................................. 142
    Innhold ............................................................................................................ 142
    For den første marinaden: ......................................................................... 142
    For den andre marinaden: ......................................................................... 142
Reker i Grønn Masala .................................................................................... 143
    Innhold ............................................................................................................ 143

- En metode ............................................. 144
- fiskekotelett ............................................ 145
  - Innhold .............................................. 145
  - En metode ......................................... 146
- Parsi Fish Sas ......................................... 147
  - Innhold .............................................. 147
  - En metode ......................................... 148
- Peshawar spill ........................................ 149
  - Innhold .............................................. 149
  - En metode ......................................... 149
- Krabbe karri ........................................... 150
  - Innhold .............................................. 150
  - En metode ......................................... 151
- sennepsfisk ............................................ 152
  - Innhold .............................................. 152
  - En metode ......................................... 152
- Meen Vattihathu ..................................... 153
  - Innhold .............................................. 153
  - En metode ......................................... 154
- Doi Maach .............................................. 155
  - Innhold .............................................. 155
  - Til marinaden: ..................................... 155
  - En metode ......................................... 156
- stekt fisk ................................................ 157
  - Innhold .............................................. 157
  - En metode ......................................... 157
- Setning Chop .......................................... 158

Innhold ............................................................................................................. 158

    En metode ...................................................................................................... 158

Sverdfisk av Goa ............................................................................................. 160

    Innhold ............................................................................................................. 160

    En metode ...................................................................................................... 161

Tørrfisk Masala ............................................................................................... 162

    Innhold ............................................................................................................. 162

    En metode ...................................................................................................... 162

Madras reke karri ........................................................................................... 163

    Innhold ............................................................................................................. 163

    En metode ...................................................................................................... 163

fisk i bukkehornkløver .................................................................................... 164

    Innhold ............................................................................................................. 164

    En metode ...................................................................................................... 165

Karimeen Porichathu ..................................................................................... 166

    Innhold ............................................................................................................. 166

    En metode ...................................................................................................... 167

Jumbo reker .................................................................................................... 168

    Innhold ............................................................................................................. 168

    En metode ...................................................................................................... 169

syltet fisk ......................................................................................................... 170

    Innhold ............................................................................................................. 170

    En metode ...................................................................................................... 170

Fiskebolle karri ................................................................................................ 171

    Innhold ............................................................................................................. 171

    En metode ...................................................................................................... 172

Amritsari fisk ................................................................................................... 173

Innhold ............................................................................................... 173

    En metode ....................................................................................... 173

Masala stekte reker ....................................................................... 174

    Innhold ............................................................................................. 174

    En metode ....................................................................................... 175

Saltet kremet fisk ........................................................................... 176

    Innhold ............................................................................................. 176

    En metode ....................................................................................... 177

Pasanda reker ................................................................................. 178

    Innhold ............................................................................................. 178

    En metode ....................................................................................... 179

Sverdfisk .......................................................................................... 180

    Innhold ............................................................................................. 180

    En metode ....................................................................................... 181

Teekha Jhinga ................................................................................. 182

    Innhold ............................................................................................. 182

    En metode ....................................................................................... 183

Balchow reker ................................................................................. 184

    Innhold ............................................................................................. 184

    En metode ....................................................................................... 184

Reker Bhujna ................................................................................... 186

    Innhold ............................................................................................. 186

    En metode ....................................................................................... 187

Chingdi Macher på malaysisk ....................................................... 188

    Innhold ............................................................................................. 188

    En metode ....................................................................................... 189

Fish Curry Bata ................................................................................ 190

Innhold .................................................................................................... 190

    En metode ........................................................................................ 190

Fiskegryte ............................................................................................... 191

    Innhold .............................................................................................. 191

    En metode ........................................................................................ 192

Jhinga Nissa ........................................................................................... 193

    Innhold .............................................................................................. 193

    En metode ........................................................................................ 194

Blekksprut Vindaloo .............................................................................. 195

    Innhold .............................................................................................. 195

    En metode ........................................................................................ 196

hummer balchow .................................................................................. 197

    Innhold .............................................................................................. 197

    En metode ........................................................................................ 198

Aubergine reker .................................................................................... 199

    Innhold .............................................................................................. 199

    En metode ........................................................................................ 200

grønne reker ......................................................................................... 201

    Innhold .............................................................................................. 201

    En metode ........................................................................................ 201

Koriander fisk ........................................................................................ 202

    Innhold .............................................................................................. 202

    En metode ........................................................................................ 202

Malayisk fisk .......................................................................................... 203

    Innhold .............................................................................................. 203

    For krydderblandingen: ................................................................... 203

    En metode ........................................................................................ 204

Konkani fiskekarri ............................................................. 205
    Innhold ................................................................... 205
    En metode ............................................................. 205
Krydret hvitløksreker ....................................................... 206
    Innhold ................................................................... 206
    En metode ............................................................. 207
Enkel fiskekarri ................................................................ 208
    Innhold ................................................................... 208
    En metode ............................................................. 208
Goan Fish Curry ............................................................... 209
    Innhold ................................................................... 209
    En metode ............................................................. 210
Reker Vindaloo ................................................................ 211
    for 4 personer ....................................................... 211
    Innhold ................................................................... 211
    En metode ............................................................. 212
Fisk i Green Masala ......................................................... 213
    Innhold ................................................................... 213
    En metode ............................................................. 214
Østers masala .................................................................. 215
    Innhold ................................................................... 215
    En metode ............................................................. 216
prikk fisk .......................................................................... 217
    Innhold ................................................................... 217
    En metode ............................................................. 218
Aubergine fylt med reker ................................................ 219
    Innhold ................................................................... 219

En metode .................................................................................... 220

# egyptisk Bhel

*(krydret maissnack)*

for 4 personer

## Innhold

200 g/7 oz kokte maiskjerner

100g/3½ oz vårløk, finhakket

1 potet, kokt, skrelt og finhakket

1 tomat, finhakket

1 agurk, finhakket

10g/¼oz korianderblader, hakket

1 ts chaat masala*

2 ts sitronsaft

1 spiseskje sylteagurk mynte

salt etter smak

## En metode

- I en bolle, bland alle ingrediensene sammen for å blande godt.
- Server nå.

# Meethi Gotta

*(Stekt bukkehornkløverruller)*

gjør 20

## Innhold

500g/1lb 2oz*

45 g/1½ oz fullkornsmel

125 g/4½ oz yoghurt

4 ss raffinert vegetabilsk olje pluss ekstra til steking

2 ts natron

50 g/1¾oz friske bukkehornkløverblader, finhakket

50 g/1¾oz korianderblader, finhakket

1 moden banan, skrelt og moset

1 ss korianderfrø

10-15 sort pepper

2 grønne paprika

½ ts ingefærpasta

½ ts garam masala

Klyp asafoetida

1 ts paprika

salt etter smak

**En metode**
- Bland besan, mel og yoghurt sammen.
- Tilsett 2 ss olje og natron. La det gjære i 2-3 timer.
- Tilsett alle de resterende ingrediensene unntatt olje. Bland godt til en tykk deig.
- Varm 2 ss olje og tilsett deigen. Bland godt og la stå i 5 minutter.
- Varm opp den resterende oljen i en kjele. Ha en liten skje av deigen i oljen og stek til den smelter.
- Tøm på absorberende papir. Serveres varm.

# Kom til meg

*(Dampet riskake)*

for 4 personer

## Innhold

500g/1lb 2oz ris, bløtlagt over natten

300g/10oz urad dhal*bløtlagt over natten

1 spiseskje salt

En klype bikarbonat brus

Raffinert vegetabilsk olje for smøring

## En metode

- Tøm risen og dhal og mal dem sammen.
- Tilsett salt og bikarbonat av brus. La det gjære i 8-9 timer.
- Smør kakeformene. Hell ris-dhal-blandingen over dem, hver halvfull. Damp i 10-12 minutter.
- Ta ut Idlis. Server varm med kokosnøttchutney

# Idli Plus

*(krydret dampet riskake)*

Service 6

## Innhold

500g/1lb 2oz ris, bløtlagt over natten

300g/10oz urad dhal*bløtlagt over natten

1 spiseskje salt

¼ teskje gurkemeie

1 spiseskje melis

salt etter smak

1 spiseskje raffinert vegetabilsk olje

½ ts spisskummen frø

½ ts sennepsfrø

**En metode**

- Tøm risen og dhal og mal dem sammen.
- Tilsett saltet og la det stå i 8-9 timer for å gjære.
- Tilsett gurkemeie, sukker og salt. Bland godt og sett til side.
- Varm oljen i en kjele. Tilsett spisskummen og sennepsfrø. La dem frykte i 15 sekunder.
- Tilsett ris-dhal-blandingen. Dekk med lokk og kok i 10 minutter.
- Åpne blandingen og snu den. Dekk til igjen og kok i 5 minutter.
- Stikk hull i idlien med en gaffel. Hvis gaffelen kommer ren ut, betyr det at idli er ferdig.
- Skjær i biter og server varm med kokoschutney.

# Masala Sandwich

gjør 6

## Innhold

2 ts raffinert vegetabilsk olje

1 liten løk, finhakket

¼ teskje gurkemeie

1 stor tomat, finhakket

1 stor potet, kokt og most

1 ss kokte erter

1 ts chaat masala*

salt etter smak

10g/¼oz korianderblader, hakket

50 g/1¾oz smør

12 brødskiver

**En metode**

- Varm oljen i en kjele. Tilsett løken og stek til den er gjennomsiktig.
- Tilsett gurkemeie og tomater. Kok i 2-3 minutter på middels varme under omrøring.
- Tilsett poteter, erter, chaat masala, salt og korianderblader. Bland godt og kok i et minutt på lav varme. Han la den til side.
- Smør brødskivene. Legg et lag med grønnsaksblanding på seks skiver. Dekk med de resterende skivene og grill i 10 minutter. Vend og grill igjen i 5 minutter. Serveres varm.

# Kebab mynte

**gjør 8**

## Innhold

10g/¼oz mynteblader, finhakket

500g/1lb 2oz geitost, drenert

2 ts mais

10 cashewnøtter, grovhakkede

½ ts malt svart pepper

1 ts amchoor*

salt etter smak

Raffinert vegetabilsk olje til steking

## En metode

- Bland alle ingrediensene unntatt oljen. Elt til en myk, men fast deig. Del i 8 sitronstore kuler og flat ut.
- Varm oljen i en kjele. Stek kebabene på middels varme til de er gyldenbrune.
- Server varm med myntesaus

# Urte Sevia Upma

*(Grønnsaksnudlersnack)*

for 4 personer

## Innhold

5 ss raffinert vegetabilsk olje

1 stor grønn paprika, finhakket

¼ ts sennepsfrø

2 grønne paprika, halvert på langs

200 g/7 oz nudler

8 karriblader

salt etter smak

Klyp asafoetida

50g/1¾oz franske bønner, finhakket

1 gulrot, finhakket

50g/1¾oz frosne erter

1 stor løk, finhakket

25 g/mindre 1 oz korianderblader, finhakket

Saft av en sitron (valgfritt)

En metode

- Varm 2 ss olje i en kjele. Stek den grønne paprikaen i 2-3 minutter. Han la den til side.
- Varm 2 ss olje i en annen kjele. Tilsett sennepsfrøene. La dem frykte i 15 sekunder.
- Tilsett grønn pepper og vermicelli. Stek i 1-2 minutter på middels varme, rør av og til. Tilsett karriblader, salt og asafoetida.
- Dryss litt vann og tilsett stekt grønn pepper, franske bønner, gulrøtter, erter og løk. Bland godt og kok på middels varme i 3-4 minutter.
- Dekk til med lokk og kok i ytterligere ett minutt.
- Dryss korianderblader og sitronsaft på toppen. Server varm med kokosnøttchutney

## Kozi Varatha Curry

*(Kairali Chicken Curry fra Kerala)*

for 4 personer

### Innhold

60ml/2fl oz raffinert vegetabilsk olje

7,5 cm/3 tommer rot ingefær, finhakket

15 fedd hvitløk, finhakket

8 sjalottløk, hakket

3 grønne paprika, halvert på langs

1 kg/2¼lb kylling, kuttet i 12 biter

¾ teskje gurkemeie

salt etter smak

2 ss malt koriander

1 ss garam masala

½ ts spisskummen frø

750 ml/1¼ halvliter kokosmelk

5-6 karriblader

**En metode**
- Varm oljen i en kjele. Tilsett ingefær og hvitløk. Stek på middels varme i 30 sekunder.

- Tilsett hvitløk og grønn chili. Stek i et minutt.

- Tilsett kylling, gurkemeie, salt, malt koriander, garam masala og spisskummen. Bland godt. Dekk med lokk og la det småkoke på lav varme i 20 minutter. Tilsett kokosmelken. Kok i 20 minutter.

- Pynt med karriblader og server varm.

# kyllinggryte

for 4 personer

## Innhold

1 spiseskje raffinert vegetabilsk olje

2 nellik

2,5 cm/1 tomme brun

6 sort pepper

3 laurbærblad

2 store løk, kuttet i 8 deler

1 ts ingefærpasta

1 ts hvitløkspasta

8 kyllinglår

200 g/7 oz frosne blandede grønnsaker

250 ml/8 fl oz vann

salt etter smak

2 ts vanlig hvitt mel oppløst i 360 ml/12 fl oz melk

**En metode**

- Varm oljen i en kjele. Tilsett nellik, kanel, sort pepper og laurbærblad. La dem frykte i 30 sekunder.

- Tilsett løk, ingefærpasta og hvitløkspasta. Stek i 2 minutter.

- Tilsett de resterende ingrediensene unntatt melblandingen. Dekk til med lokk og kok i 30 minutter. Tilsett melblandingen. Bland godt.

- La småkoke i 10 minutter, rør ofte. Serveres varm.

# Himani kylling

*(Kardemomme kylling)*

for 4 personer

## Innhold

1 kg/2¼lb kylling, kuttet i 10 stykker

3 ss raffinert vegetabilsk olje

¼ teskje malt grønn kardemomme

salt etter smak

## Til marinaden:

1 ts ingefærpasta

1 ts hvitløkspasta

200 g yoghurt

2 ss mynteblader, malt

## En metode

- Bland alle marinadeingrediensene sammen. Mariner kyllingen med denne blandingen i 4 timer.

- Varm oljen i en kjele. Tilsett den marinerte kyllingen og stek på lav varme i 10 minutter. Tilsett pepper og salt. Bland godt og kok i 30 minutter, rør ofte. Serveres varm.

# hvit kylling

**for 4 personer**

## Innhold

750g/1lb 10oz beinfri kylling, strimlet

1 ts ingefærpasta

1 ts hvitløkspasta

1 spiseskje ghee

2 nellik

2,5 cm/1 tomme brun

8 sort pepper

2 laurbærblader

salt etter smak

250 ml/8 fl oz vann

30 g/1 oz cashewnøtter, malt

10-12 mandler, malt

1 spiseskje av en krem

**En metode**

- Mariner kyllingen med ingefærpasta og hvitløkspasta i 30 minutter.

- Varm oljen i en kjele. Tilsett nellik, kanel, sort pepper, laurbærblader og salt. La dem frykte i 15 sekunder.

- Tilsett den marinerte kyllingen og vann. Kok i 30 minutter. Tilsett cashewnøtter, mandler og fløte. Kok i 5 minutter og server varm.

# Kylling i rød masala

for 4 personer

## Innhold

3 ss raffinert vegetabilsk olje

2 store løk, i tynne skiver

1 ss valmuefrø

5 tørkede røde paprika

50g/1¾oz fersk kokosnøtt, revet

2,5 cm/1 tomme brun

2 ts tamarindpasta

6 fedd hvitløk

500g/1lb 2oz kylling, strimlet

2 tomater, i tynne skiver

1 ss malt koriander

1 ts spisskummen

500ml/16fl oz vann

salt etter smak

**En metode**

- Varm oljen i en kjele. Stek løkene på middels varme til de blir brune. Tilsett valmuefrø, pepper, muskat og kanel. Stek i 3 minutter.

- Tilsett tamarindpasta og hvitløk. Bland godt og lag en pasta.

- Bland denne pastaen med alle de resterende ingrediensene. Kok blandingen i en kjele på lav varme i 40 minutter. Serveres varm.

# jhalfrezie kylling

*(Kylling i tykk tomatsaus)*

**for 4 personer**

## Innhold

3 ss raffinert vegetabilsk olje

3 store løk, finhakket

2,5 cm/1 tomme rot ingefær, i tynne skiver

1 ts hvitløkspasta

1 kg/2¼lb kylling, kuttet i 8 stykker

½ ts gurkemeie

3 ts malt koriander

1 ts spisskummen

4 tomater, blanchert og most

salt etter smak

**En metode**

- Varm oljen i en kjele. Tilsett løk, ingefær og hvitløkspasta. Stek på middels varme til løken er gjennomsiktig.

- Tilsett kylling, gurkemeie, malt koriander og malt spisskummen. Stek i 5 minutter.

- Tilsett tomatpuré og salt. Bland godt og kok på lav varme i 40 minutter, rør av og til. Serveres varm.

# Enkel kylling karri

for 4 personer

## Innhold

2 ss raffinert vegetabilsk olje

2 store løk, hakket

½ ts gurkemeie

1 ts ingefærpasta

1 ts hvitløkspasta

6 grønne paprika, hakket

750g/1lb 10oz kylling, kuttet i 8 biter

125 g/4½ oz yoghurt

125 g/4½ oz khoya*

salt etter smak

50 g/1¾oz korianderblader, finhakket

**En metode**

- Varm oljen i en kjele. Tilsett løkene. Stek til den blir gjennomsiktig.

- Tilsett gurkemeie, ingefærpasta, hvitløkspasta og grønne chili. Stek i 2 minutter på middels varme. Tilsett kyllingen og stek i 5 minutter.

- Tilsett yoghurt, khoya og salt. Bland godt. Dekk til med lokk og la det småkoke på lav varme i 30 minutter, rør av og til.

- Pynt med korianderblader. Serveres varm.

# Delt kylling karri

for 4 personer

## Innhold

1 kg/2¼lb kylling, kuttet i 8 stykker

salt etter smak

½ ts gurkemeie

4 ss raffinert vegetabilsk olje

3 løk, finhakket

8 karriblader

3 tomater, finhakket

1 ts ingefærpasta

1 ts hvitløkspasta

1 ss malt koriander

1 ts garam masala

1 ss tamarindpasta

½ spiseskje malt svart pepper

250 ml/8 fl oz vann

**En metode**

- Mariner kyllingbitene med salt og gurkemeie i 30 minutter.

- Varm oljen i en kjele. Tilsett løk og karriblader. Stek på lav varme til løken er gjennomsiktig.

- Tilsett alle de resterende ingrediensene og marinert kylling. Bland godt, dekk med lokk og la det småkoke i 40 minutter. Serveres varm.

# Tørr kylling Anjeer

*(tørket kylling med fiken)*

for 4 personer

## Innhold

750g/1lb 10oz kylling, kuttet i 12 biter

4 ss ghee

2 store løk, finhakket

250 ml/8 fl oz vann

salt etter smak

## Til marinaden:

10 tørkede fiken, bløtlagt i 1 time

1 ts ingefærpasta

1 ts hvitløkspasta

200 g yoghurt

1½ ts garam masala

2 skjeer av en krem

**En metode**

- Bland alle marinadeingrediensene sammen. Mariner kyllingen med denne blandingen i en time.

- Varm oljen i en kjele. Stek løkene på middels varme til de blir brune.

- Tilsett den marinerte kyllingen, vann og salt. Bland godt, dekk med lokk og la det småkoke i 40 minutter. Serveres varm.

# kyllingyoghurt

for 4 personer

## Innhold

30g/1oz mynteblader, finhakket

30 g/1 oz korianderblader, hakket

2 ts ingefærpasta

2 ts hvitløkspasta

400 g/14 oz yoghurt

200 g/7 oz tomatpuré

saft av 1 sitron

1 kg/2¼lb kylling, kuttet i 12 biter

2 ss raffinert vegetabilsk olje

4 store løk, finhakket

salt etter smak

**En metode**

- Mal mynteblader og korianderblader til en fin pasta. Bland dette med ingefærpasta, hvitløkspasta, yoghurt, tomatpuré og sitronsaft. Mariner kyllingen med denne blandingen i 3 timer.

- Varm oljen i en kjele. Stek løkene på middels varme til de blir brune.

- Tilsett den marinerte kyllingen. Dekk til med lokk og la det småkoke i 40 minutter, rør av og til. Serveres varm.

# Krydret stekt kylling

for 4 personer

## Innhold

1 ts ingefærpasta

2 ts hvitløkspasta

2 grønne paprika, finhakket

1 ts paprika

1 ts garam masala

2 ts sitronsaft

½ ts gurkemeie

salt etter smak

1 kg/2¼lb kylling, kuttet i 8 stykker

Raffinert vegetabilsk olje for fritering

Brødsmuler, til belegg

**En metode**

- Bland ingefærpasta, hvitløkspasta, grønn chilipepper, cayennepepper, garam masala, sitronsaft, gurkemeie og salt. Mariner kyllingen med denne blandingen i 3 timer.

- Varm oljen i en panne. Dekk hvert stykke marinert kylling med brødsmuler og stek på middels varme til de er gyldenbrune.

- Hell av på absorberende papir og server varm.

# Kylling Supreme

for 4 personer

## Innhold

1 ts ingefærpasta

1 ts hvitløkspasta

1 kg/2¼lb kylling, kuttet i 8 stykker

200 g yoghurt

salt etter smak

250 ml/8 fl oz vann

2 ss raffinert vegetabilsk olje

2 store løk, hakket

4 røde paprika

5 cm/2in brun

2 sorte kardemomme


4 nellik

1 spiseskje chana dhal*, tørrstekt

**En metode**

- Bland ingefærpasta og hvitløkspasta sammen. Mariner kyllingen med denne blandingen i 30 minutter. Tilsett yoghurt, salt og vann. Han la den til side.

- Varm oljen i en kjele. Tilsett løk, pepper, kanel, kardemomme, nellik og chana dhal. Stek på lav varme i 3-4 minutter.

- Mal den til en pasta og tilsett den i kyllingblandingen. Bland godt.

- Kok på lav varme i 30 minutter. Serveres varm.

# kylling Vindaloo

*(Spicy Goan Chicken Curry)*

for 4 personer

## Innhold

60ml/2fl oz malteddik

1 spiseskje spisskummen frø

1 ts sort pepper

6 røde paprika

1 ts gurkemeie

salt etter smak

4 ss raffinert vegetabilsk olje

3 store løk, finhakket

1 kg/2¼lb kylling, kuttet i 8 stykker

**En metode**

- Bland eddiken til en jevn pasta med spisskummen, sort pepper, pepper, gurkemeie og salt. Han la den til side.

- Varm oljen i en kjele. Tilsett løken og stek til den er gjennomsiktig. Tilsett eddik-kumminfrøpastaen. Bland godt og stek i 4-5 minutter.

- Tilsett kyllingen og stek på lav varme i 30 minutter. Serveres varm.

# karamellisert kylling

for 4 personer

## Innhold

200 g yoghurt

1 ts ingefærpasta

1 ts hvitløkspasta

2 ss malt koriander

1 ts spisskummen

1½ ts garam masala

salt etter smak

1 kg/2¼lb kylling, kuttet i 8 stykker

3 ss raffinert vegetabilsk olje

2 ts sukker

3 nellik

2,5 cm/1 tomme brun

6 sort pepper

### En metode

- Bland yoghurt, ingefærpasta, hvitløkspasta, malt koriander, malt spisskummen, garam masala og salt. Mariner kyllingen med denne blandingen over natten.

- Varm oljen i en kjele. Tilsett sukker, nellik, kanel og sort pepper. Stek i et minutt. Tilsett den marinerte kyllingen og stek på lav varme i 40 minutter. Serveres varm.

# Cashew kylling

for 4 personer

## Innhold

1 kg/2¼lb kylling, kuttet i 12 biter

salt etter smak

1 ts ingefærpasta

1 ts hvitløkspasta

4 ss raffinert vegetabilsk olje

4 store løk, hakket

15 cashewnøtter, knust til en pasta

6 røde paprika, bløtlagt i 15 minutter

2 ts malt spisskummen

60 ml/2 fl oz ketchup

500ml/16fl oz vann

**En metode**

- Mariner kyllingen med salt, ingefær og hvitløkspasta i en time.

- Varm oljen i en kjele. Stek løkene på middels varme til de blir brune.

- Tilsett cashewnøtter, pepper, spisskummen og ketchup. Kok i 5 minutter.

- Tilsett kyllingen og vannet. Kok i 40 minutter og server varm.

# rask kylling

for 4 personer

## Innhold

4 ss raffinert vegetabilsk olje

6 røde paprika

6 sort pepper

1 ts korianderfrø

1 ts spisskummen frø

2,5 cm/1 tomme brun

4 nellik

1 ts gurkemeie

8 fedd hvitløk

1 ts tamarindpasta

4 mellomstore løk, i tynne skiver

2 store tomater, finhakket

1 kg/2¼lb kylling, kuttet i 12 biter

250 ml/8 fl oz vann

salt etter smak

**En metode**

- Varm en halv spiseskje olje i en kjele. Tilsett paprika, sort pepper, korianderfrø, spisskummen, kanel og nellik. Stek i 2-3 minutter på middels varme.
- Tilsett gurkemeie, hvitløk og tamarindpasta. Gjør blandingen til en jevn pasta. Han la den til side.
- Varm opp den resterende oljen i en kjele. Tilsett løken og stek på middels varme til den er brun. Tilsett tomatene og fres i 3-4 minutter.
- Tilsett kyllingen og fres i 4-5 minutter.
- Tilsett vann og salt. Bland godt og dekk til med lokk. Kok i 40 minutter, rør av og til.
- Serveres varm.

# Coorgi kylling karri

for 4 personer

## Innhold

1 kg/2¼lb kylling, kuttet i 12 biter

salt etter smak

1 ts gurkemeie

50g/1¾oz revet kokosnøtt

3 ss raffinert vegetabilsk olje

1 ts hvitløkspasta

2 store løk, i tynne skiver

1 ts spisskummen

1 ts malt koriander

360 ml/12 fl oz vann

**En metode**

- Mariner kyllingen med salt og gurkemeie i en time. Han la den til side.
- Mal kokosnøtten med nok vann til å danne en jevn pasta.
- Varm oljen i en kjele. Tilsett kokosnøttpastaen til hvitløkspasta, løk, malt spisskummen og koriander. Stek på lav varme i 4-5 minutter.
- Tilsett den marinerte kyllingen. Bland godt og stek i 4-5 minutter. Tilsett vann, dekk til med lokk og kok i 40 minutter. Serveres varm.

# Kylling i panne

for 4 personer

## Innhold

4 ss raffinert vegetabilsk olje

1 ts ingefærpasta

1 ts hvitløkspasta

2 store løk, finhakket

1 ts garam masala

1½ ss cashewnøtter, malt

1½ ss melonfrø*, Kunst

1 ts malt koriander

500g/1lb 2oz beinfri kylling

200 g/7 oz tomatpuré

2 terninger kyllingkraft

250 ml/8 fl oz vann

salt etter smak

**En metode**

- Varm oljen i en kjele. Tilsett ingefærpasta, hvitløkspasta, løk og garam masala. Stek i 2-3 minutter på svak varme. Tilsett cashewnøtter, melonfrø og malt koriander. Stek i 2 minutter.
- Tilsett kyllingen og stek i 5 minutter. Tilsett tomatpuré, kjøtt i terninger, vann og salt. Dekk til og kok i 40 minutter. Serveres varm.

# Spinat Kylling

for 4 personer

## Innhold

3 ss raffinert vegetabilsk olje

6 nellik

5 cm/2in brun

2 laurbærblader

2 store løk, finhakket

12 fedd hvitløk, finhakket

400 g/14 oz spinat, grovhakket

200 g yoghurt

250 ml/8 fl oz vann

750g/1lb 10oz kylling, kuttet i 8 biter

salt etter smak

**En metode**

- Varm 2 ss olje i en kjele. Tilsett nellik, kanel og laurbærblad. La dem frykte i 15 sekunder.
- Tilsett løken og stek på middels varme til den er gjennomsiktig.
- Tilsett hvitløk og spinat. Bland godt. Kok i 5-6 minutter. Avkjøl og mos med nok vann til å lage en jevn pasta.
- Varm opp den resterende oljen i en kjele. Tilsett spinatpastaen og stek i 3-4 minutter. Tilsett yoghurt og vann. Kok i 5-6 minutter. Tilsett kyllingen og salt. Kok i 40 minutter på lav varme. Serveres varm.

# Indisk kylling

for 4 personer

## Innhold

4-5 ss raffinert vegetabilsk olje

4 store løk, hakket

1 kg/2¼lb kylling, kuttet i 10 stykker

salt etter smak

500ml/16fl oz vann

## For krydderblandingen:

2,5 cm/1 tomme rot ingefær

10 fedd hvitløk

1 ss garam masala

2 ts fennikelfrø

1½ ss korianderfrø

60 ml/2 fl oz vann

**En metode**
- Bland ingrediensene til krydderblandingen til en jevn pasta. Han la den til side.
- Varm oljen i en kjele. Stek løkene på middels varme til de blir brune.
- Tilsett krydderblandingspasta, kylling og salt. Stek i 5-6 minutter. Tilsett vannet. Dekk til og kok i 40 minutter. Serveres varm.

# Kori Gassi

*(grill karri kylling)*

**for 4 personer**

## Innhold

4 ss raffinert vegetabilsk olje

6 hele røde paprika

1 ts sort pepper

4 ts korianderfrø

2 ts spisskummen frø

150 g/5½ oz fersk kokosnøtt, revet

8 fedd hvitløk

500ml/16fl oz vann

3 store løk, finhakket

1 ts gurkemeie

1 kg/2¼lb kylling, kuttet i 8 stykker

2 ts tamarindpasta

salt etter smak

**En metode**

- Varm en teskje olje i en kjele. Tilsett rød pepper, sort pepper, korianderfrø og spisskummen. La dem frykte i 15 sekunder.
- Lag en pasta med kokos, hvitløk og halvparten av vannet.
- Varm opp den resterende oljen i en kjele. Tilsett løk, gurkemeie og kokosnøttpasta. Stek på middels varme i 5-6 minutter.
- Tilsett kyllingen, tamarindpastaen, saltet og resten av vannet. Bland godt. Dekk til med lokk og kok i 40 minutter. Serveres varm.

# Kylling Ghezado

*(Goan stil kylling)*

**for 4 personer**

## Innhold

3 ss raffinert vegetabilsk olje

2 store løk, finhakket

1 ts ingefærpasta

1 ts hvitløkspasta

2 tomater, finhakket

1 kg/2¼lb kylling, kuttet i 8 stykker

1 ss malt koriander

2 ss garam masala

salt etter smak

250 ml/8 fl oz vann

## En metode

- Varm oljen i en kjele. Tilsett løk, ingefærpasta og hvitløkspasta. Stek i 2 minutter. Tilsett tomater og kylling. Stek i 5 minutter.
- Tilsett alle de resterende ingrediensene. Kok i 40 minutter og server varm.

# Kylling med tomatsaus

for 4 personer

## Innhold

1 spiseskje ghee

2,5 cm/1in rot ingefær, finhakket

10 fedd hvitløk, finhakket

2 store løk, finhakket

4 røde paprika

1 ts garam masala

1 ts gurkemeie

800g/1¾lb tomatpuré

1 kg/2¼lb kylling, kuttet i 8 stykker

salt etter smak

200 g yoghurt

**En metode**

- Varm oljen i en kjele. Tilsett ingefær, hvitløk, løk, paprika, garam masala og gurkemeie. Stek i 3 minutter på middels varme.
- Tilsett tomatpuréen og stek på svak varme i 4 minutter.
- Tilsett kylling, salt og yoghurt. Bland godt.
- Dekk til og kok i 40 minutter, rør av og til. Serveres varm.

# Shahenshah Murgh

*(Kylling tilberedt i spesialsaus)*

for 4 personer

## Innhold

250 g/9 oz peanøtter, bløtlagt i 4 timer

60 g/2 oz rosiner

4 grønne paprika i skiver på langs

1 spiseskje spisskummen frø

4 ss ghee

1 ss malt kanel

3 store løk, finhakket

1 kg/2¼lb kylling, kuttet i 12 biter

salt etter smak

**En metode**

- Tøm peanøttene og mos med rosiner, grønn chili, spisskummen og nok vann til å danne en jevn pasta. Han la den til side.
- Varm oljen i en kjele. Tilsett malt kanel. La det sprette i 30 sekunder.
- Tilsett løk og malt peanøtt-rosinpasta. Stek i 2-3 minutter.
- Tilsett kyllingen og salt. Bland godt. Kok på lav varme i 40 minutter, rør av og til. Serveres varm.

# Kylling do Pyaaza

*(løk kylling)*

**for 4 personer**

## Innhold

4 ss ghee pluss ekstra til frityrsteking

4 nellik

½ ts fennikelfrø

1 ts malt koriander

1 ts malt svart pepper

2,5 cm/1in rot ingefær, finhakket

8 fedd hvitløk, finhakket

4 store løk, hakket

1 kg/2¼lb kylling, kuttet i 12 biter

½ ts gurkemeie

4 tomater, finhakket

salt etter smak

**En metode**

- Varm 4 ss olje i en kjele. Tilsett nellik, fennikelfrø, malt koriander og pepper. La dem frykte i 15 sekunder.
- Tilsett ingefær, hvitløk og løk. Stek i 1-2 minutter på middels varme.
- Tilsett kylling, gurkemeie, tomater og salt. Bland godt. Kok på lav varme i 30 minutter, rør ofte. Serveres varm.

# Bengal kylling

for 4 personer

## Innhold

300 g/10 oz yoghurt

1 ts ingefærpasta

1 ts hvitløkspasta

3 store løk, 1 revet og 2 finhakket

1 ts gurkemeie

2 ts paprika

salt etter smak

1 kg/2¼lb kylling, kuttet i 12 biter

4 ss sennepsolje

500ml/16fl oz vann

## En metode

- Bland yoghurt, ingefærpasta, hvitløkspasta, løk, gurkemeie, chiliflak og salt. Mariner kyllingen med denne blandingen i 30 minutter.
- Varm oljen i en kjele. Tilsett den hakkede løken og stek til den er gyldenbrun.
- Tilsett den marinerte kyllingen, vann og salt. Bland godt. Dekk til med lokk og kok i 40 minutter. Serveres varm.

# Lasooni Murgh

*(Hvitløkskokt kylling)*

**for 4 personer**

## Innhold

200 g yoghurt

2 ss hvitløkspasta

1 ts garam masala

2 ss sitronsaft

1 ts malt svart pepper

5 tråder safran

salt etter smak

750g/1lb 10oz benfri kylling, kuttet i 8 stykker

2 ss raffinert vegetabilsk olje

60ml/2fl oz dobbelkrem

**En metode**

- Bland yoghurt, hvitløkspasta, garam masala, sitronsaft, pepper, safran, salt og kylling. Avkjøl blandingen over natten.
- Varm oljen i en kjele. Tilsett kyllingblandingen, dekk med lokk og la det småkoke på lav varme i 40 minutter, rør av og til.
- Tilsett fløten og rør i et minutt. Serveres varm.

# Kyllingkoffein

*(Goan kylling med koriandersaus)*

for 4 personer

## Innhold

1 kg/2¼lb kylling, kuttet i 8 stykker

5 ss raffinert vegetabilsk olje

250 ml/8 fl oz vann

salt etter smak

4 sitroner, delt i kvarte

## Til marinaden:

50 g/1¾oz korianderblader, hakket

2,5 cm/1 tomme rot ingefær

10 fedd hvitløk

120ml/4fl oz malteddik

1 ss garam masala

**En metode**

- Bland alle marinadeingrediensene sammen og mos med nok vann til å danne en jevn pasta. Mariner kyllingen med denne blandingen i en time.
- Varm oljen i en kjele. Tilsett den marinerte kyllingen og stek i 5 minutter på middels varme. Tilsett vann og salt. Dekk til med lokk og la det småkoke i 40 minutter, rør av og til. Serveres varm med sitron.

# Aprikos Kylling

for 4 personer

## Innhold

4 ss raffinert vegetabilsk olje

3 store løk, i tynne skiver

1 ts ingefærpasta

1 ts hvitløkspasta

1 kg/2¼lb kylling, kuttet i 8 stykker

1 ts paprika

1 ts gurkemeie

2 ts malt spisskummen

2 skjeer sukker

300g / 10oz tørkede aprikoser, bløtlagt i 10 minutter

60 ml/2 fl oz vann

1 ss malteddik

salt etter smak

**En metode**

- Varm oljen i en kjele. Tilsett løk, ingefærpasta og hvitløkspasta. Stek på middels varme til løken er gjennomsiktig.
- Tilsett kylling, chiliflak, gurkemeie, malt spisskummen og sukker. Bland godt og stek i 5-6 minutter.
- Tilsett de resterende ingrediensene. Kok i 40 minutter og server varm.

# Grillet kylling

for 4 personer

## Innhold

salt etter smak

1 ss malteddik

1 ts malt svart pepper

1 ts ingefærpasta

1 ts hvitløkspasta

2 ts garam masala

1 kg/2¼lb kylling, kuttet i 8 stykker

2 ss ghee

2 store løk, hakket

2 tomater, finhakket

**En metode**

- Bland salt, eddik, sort pepper, ingefærpasta, hvitløkspasta og garam masala. Mariner kyllingen med denne blandingen i en time.
- Varm oljen i en kjele. Tilsett løken og stek på middels varme til den er brun.
- Tilsett tomatene og den marinerte kyllingen. Bland godt og stek i 4-5 minutter.
- Ta av varmen og grill blandingen i 40 minutter. Serveres varm.

# Chile Duck Chile

for 4 personer

## Innhold

2 ss malteddik

1½ ts ingefærpasta

1 ts hvitløkspasta

salt etter smak

1 ts malt svart pepper

1 kg/2¼lb and

2 skjeer smør

2 ss raffinert vegetabilsk olje

3 store løk, i tynne skiver

4 tomater, finhakket

1 teskje sukker

500ml/16fl oz vann

**En metode**

- Bland eddik, ingefærpasta, hvitløkspasta, salt og pepper. Stikk hull i anda med en gaffel og mariner i denne blandingen i en time.
- Varm smør og olje sammen i en kjele. Tilsett løk og tomater. Stek på middels varme i 3-4 minutter. Tilsett anda, sukker og vann. Bland godt og kok i 45 minutter. Serveres varm.

# Kylling Bhuna

*(Kylling tilberedt i yoghurt)*

**for 4 personer**

## Innhold

4 ss raffinert vegetabilsk olje

1 kg/2¼lb kylling, kuttet i 12 biter

1 ts ingefærpasta

1 ts hvitløkspasta

½ ts gurkemeie

2 store løk, finhakket

1½ ts garam masala

1 ts nykvernet sort pepper

150 g/5½ oz yoghurt, pisket

salt etter smak

**En metode**

- Varm oljen i en kjele. Tilsett kyllingen og stek i 6-7 minutter på middels varme. Filtrer og sett til side.
- Tilsett ingefærpasta, hvitløkspasta, gurkemeie og løk i samme olje. Stek i 2 minutter på middels varme, rør ofte.
- Tilsett den stekte kyllingen og alle de resterende ingrediensene. Kok i 40 minutter på lav varme. Serveres varm.

# Egg Kylling Curry

for 4 personer

## Innhold

6 fedd hvitløk

2,5 cm/1 tomme rot ingefær

25g/mindre 1oz revet fersk kokosnøtt

2 ts valmuefrø

1 ts garam masala

1 ts spisskummen frø

1 ss korianderfrø

1 ts gurkemeie

salt etter smak

4 ss raffinert vegetabilsk olje

2 store løk, finhakket

1 kg/2¼lb kylling, kuttet i 8 stykker

4 egg, hardkokte og halvert

**En metode**

- Mal sammen hvitløk, ingefær, muskat, valmuefrø, garam masala, spisskummen, korianderfrø, gurkemeie og salt. Han la den til side.
- Varm oljen i en kjele. Tilsett løk og malt tomatpuré. Stek på middels varme i 3-4 minutter. Tilsett kyllingen og bland godt til pels.
- Kok i 40 minutter. Pynt med egg og server varm.

# Krydret stekt kylling

for 4 personer

## Innhold

1 kg/2¼lb kylling, kuttet i 8 stykker

250ml/8fl oz raffinert vegetabilsk olje

## Til marinaden:

1½ ts malt koriander

4 grønne kardemomme

7,5 cm/3 tommer brun

½ ts fennikelfrø

1 ss garam masala

4-6 fedd hvitløk

2,5 cm/1 tomme rot ingefær

1 stor løk, revet

1 stor tomat, most

salt etter smak

**En metode**

- Mal alle ingrediensene til marinaden sammen. Mariner kyllingen med denne blandingen i 30 minutter.
- Stek den marinerte kyllingen i en kjele på middels varme i 30 minutter, rør av og til.
- Varm oljen og stek den ferdigstekte kyllingen i 5-6 minutter. Serveres varm.

# Goan Combi

*(Goan kylling karri)*

**for 4 personer**

## Innhold

1 kg/2¼lb kylling, kuttet i 8 stykker

salt etter smak

½ ts gurkemeie

6 røde paprika

5 nellik

5 cm/2in brun

1 ss korianderfrø

½ ts bukkehornkløverfrø

½ ts sennepsfrø

4 ss olje

1 ss tamarindpasta

500ml/16fl oz kokosmelk

**En metode**

- Mariner kyllingen med salt og gurkemeie i en time. Han la den til side.
- Knus pepper, nellik, kanel, korianderfrø, bukkehornkløverfrø og sennepsfrø med nok vann til å danne en pasta.
- Varm oljen i en kjele. Stek deigen i 4 minutter. Tilsett kylling, tamarindpasta og kokosmelk. Kok i 40 minutter og server varm.

# Southern Chicken Curry

for 4 personer

## Innhold

16 cashewnøtter

6 røde paprika

2 ss korianderfrø

½ ts spisskummen frø

1 spiseskje sitronsaft

5 ss ghee

3 store løk, finhakket

10 fedd hvitløk, finhakket

2,5 cm/1in rot ingefær, finhakket

1 kg/2¼lb kylling, kuttet i 12 biter

1 ts gurkemeie

salt etter smak

500ml/16fl oz kokosmelk

**En metode**

- Mal cashewnøtter, rød chili, korianderfrø, spisskummen og sitronsaft med nok vann til å danne en jevn pasta. Han la den til side.
- Varm opp oljen. Tilsett løk, hvitløk og ingefær. Stek i 2 minutter.
- Tilsett kylling, gurkemeie, salt og cashewsmør. Stek i 5 minutter. Tilsett kokosmelken og kok i 40 minutter. Serveres varm.

# Nizami kylling

*(Kokt kylling med safran og mandler)*

for 4 personer

## Innhold

4 ss raffinert vegetabilsk olje

1 stor kylling, kuttet i 8 biter

salt etter smak

750 ml/1¼ halvliter melk

½ ts safran dynket i 2 ts melk

## For krydderblandingen:

1 ss ingefærpasta

3 ss valmuefrø

5 røde paprika

25 g/meager 1 oz tørket kokosnøtt

20 mandler

6 skjeer melk

**En metode**

- Mal ingrediensene til krydderblandingen til en jevn pasta.
- Varm oljen i en kjele. Stek deigen på svak varme i 4 minutter.
- Tilsett kylling, salt og melk. Kok i 40 minutter, rør ofte. Tilsett safran og kok videre i 5 minutter. Serveres varm.

# andbøffel

*(And kokt med grønnsaker)*

for 4 personer

## Innhold

4 ss ghee

3 store løk, delt i kvarte

750g/1lb 10oz and, kuttet i 8 biter

3 store poteter i kvarte

50 g/1¾oz grønnkål, hakket

200 g/7 oz frosne erter

1 ts gurkemeie

4 grønne paprika i skiver på langs

1 ts malt brun

1 ts malt nellik

30g/1oz mynteblader, finhakket

salt etter smak

750 ml/1¼ halvliter vann

1 ss malteddik

## En metode

- Varm oljen i en kjele. Tilsett løken og stek på middels varme til den er brun. Tilsett anda og fres i 5-6 minutter.
- Tilsett de resterende ingrediensene bortsett fra vannet og eddik. Stek i 8 minutter. Tilsett vann og eddik. Kok i 40 minutter. Serveres varm.

# Adraki Murgh

*(ingefærkylling)*

**for 4 personer**

## Innhold

2 ss raffinert vegetabilsk olje

2 store løk, finhakket

2 ss ingefærpasta

½ ts hvitløkspasta

½ ts gurkemeie

1 ss garam masala

1 tomat, finhakket

1 kg/2¼lb kylling, kuttet i 12 biter

salt etter smak

## En metode

- Varm oljen i en kjele. Tilsett løk, ingefærpasta og hvitløkspasta og stek i 1-2 minutter på middels varme.
- Tilsett alle de resterende ingrediensene og fres i 5-6 minutter.
- Stek blandingen i 40 minutter og server varm.

# Bharva Murgh

*(fylt kylling)*

**for 4 personer**

## Innhold

½ ts ingefærpasta

½ ts hvitløkspasta

1 ts tamarindpasta

1 kg/2¼lb kylling

75 g/2½ oz ghee

2 store løk, finhakket

salt etter smak

3 store poteter, i terninger

2 ts malt koriander

1 ts spisskummen

1 ts sennepspulver

50 g/1¾oz korianderblader, hakket

2 nellik

2,5 cm/1 tomme brun

**En metode**

- Bland ingefær, hvitløk og tamarindpasta. Mariner kyllingen med blandingen i 3 timer. Han la den til side.
- Varm oljen i en kjele og stek løken til den er gyldenbrun. Tilsett alle de resterende ingrediensene unntatt marinert kylling. Stek i 6 minutter.
- Fyll denne blandingen inn i den marinerte kyllingen. Stek i ovn ved 190°C (375°F, gassmerke 5) i 45 minutter. Serveres varm.

# Malaidar Murgh

*(Kokt kylling i kremet saus)*

for 4 personer

## Innhold

4 ss raffinert vegetabilsk olje

2 store løk, finhakket

¼ teskje malt nellik

salt etter smak

1 kg/2¼lb kylling, kuttet i 12 biter

250 ml/8 fl oz vann

3 tomater, finhakket

125 g/4½ oz yoghurt, pisket

500ml/16fl oz enkeltkrem

2 ss cashewnøtter, malt

10g/¼oz korianderblader, hakket

**En metode**

- Varm oljen i en kjele. Tilsett løk, nellik og salt. Stek i 3 minutter på middels varme. Tilsett kyllingen og fres i 7-8 minutter.
- Tilsett vann og tomater. Stek i 30 minutter.
- Tilsett yoghurt, fløte og cashewnøtter. Kok i 10 minutter.
- Pynt med korianderblader og server varm.

# Bombay Chicken Curry

for 4 personer

## Innhold

8 ss raffinert vegetabilsk olje

1 kg/2¼lb kylling, kuttet i 12 biter

2 store løk, hakket

1 ts ingefærpasta

1 ts hvitløkspasta

4 nellik, malt

2,5 cm/1in brun, slipt

1 ts spisskummen

salt etter smak

2 tomater, finhakket

500ml/16fl oz vann

**En metode**

- Varm halvparten av oljen i en panne. Tilsett kyllingen og stek i 5-6 minutter på middels varme. Han la den til side.
- Varm opp den resterende oljen i en kjele. Tilsett løk, ingefærpasta og hvitløkspasta og stek på middels varme til løken blir rosa. Tilsett de resterende ingrediensene unntatt vann og kylling. Stek i 5-6 minutter.
- Tilsett stekt kylling og vann. Kok i 30 minutter og server varm.

# Kylling Durbari

*(Rik kyllingsaus)*

**for 4 personer**

## Innhold

150 g/5½ oz chana dhal*

salt etter smak

1 liter/1¾ pint vann

2,5 cm/1 tomme rot ingefær

10 fedd hvitløk

4 røde paprika

3 ss ghee

2 store løk, finhakket

½ ts gurkemeie

2 ss garam masala

½ ss valmuefrø

2 tomater, finhakket

1 kg/2¼lb kylling, kuttet i 10-12 biter

2 ts tamarindpasta

20 cashewnøtter, malt til en pasta

250 ml/8 fl oz vann

250 ml/8 fl oz kokosmelk

**En metode**

- Bland dhal med halvparten av saltet og vannet. Kok i en kjele på middels varme i 45 minutter. Lag en pasta ved å knuse den med ingefær, hvitløk og rød pepper.
- Varm oljen i en kjele. Tilsett løken, dhalblandingen og gurkemeien. Stek på middels varme i 3-4 minutter. Tilsett alle de resterende ingrediensene.
- Bland godt og kok i 40 minutter, rør av og til. Serveres varm.

# grillet and

for 4 personer

## Innhold

3 ss malteddik

2 ss malt koriander

½ ts malt svart pepper

salt etter smak

1 kg/2¼lb and, kuttet i 8 stykker

60ml/2fl oz raffinert vegetabilsk olje

2 små løk

1 liter/1¾ pint varmt vann

## En metode

- Bland eddik med malt koriander, pepper og salt. Mariner anda med denne blandingen i en time.
- Varm oljen i en kjele. Stek løkene på middels varme til de blir brune.
- Tilsett vann, salt og kylling. Kok i 45 minutter og server varm.

# Koriander Hvitløk Kylling

for 4 personer

## Innhold

4 ss raffinert vegetabilsk olje

5 cm/2in brun

3 grønne kardemomme

4 nellik

2 laurbærblader

3 store løk, finhakket

10 fedd hvitløk, finhakket

1 ts ingefærpasta

3 tomater, finhakket

1 stor kylling, strimlet

250 ml/8 fl oz vann

150 g/5½ oz korianderblader, hakket

salt etter smak

**En metode**

- Varm oljen i en kjele. Tilsett kanel, kardemomme, nellik, laurbærblad, løk, hvitløk og ingefærpasta. Stek i 2-3 minutter.
- Tilsett alle de resterende ingrediensene. Kok i 40 minutter og server varm.

# and masala

for 4 personer

## Innhold

30g/1oz ghee pluss en spiseskje til steking

1 stor løk, i tynne skiver

1 ts ingefærpasta

1 ts hvitløkspasta

1 ts malt koriander

½ ts malt svart pepper

1 ts gurkemeie

1 kg/2¼lb and, kuttet i 12 biter

1 ss malteddik

salt etter smak

5 cm/2in brun

3 nellik

1 ts sennepsfrø

**En metode**

- Varm 30 g/1 oz ghee i en kjele. Tilsett løk, ingefærpasta, hvitløkspasta, koriander, chili og gurkemeie. Stek i 6 minutter.
- Tilsett anda. Stek i 5 minutter på middels varme. Tilsett eddik og salt. Bland godt og kok i 40 minutter. Han la den til side.
- Varm opp den resterende oljen i en kjele og tilsett kanel, nellik og sennepsfrø. La dem frykte i 15 sekunder. Hell dette over andeblandingen og server varm.

# sennep kylling

for 4 personer

## Innhold

2 store tomater, finhakket

10g/¼oz mynteblader, finhakket

30 g/1 oz korianderblader, hakket

2,5 cm ingefærrot, skrelt

8 fedd hvitløk

3 ss sennepsolje

2 ts sennepsfrø

½ ts bukkehornkløverfrø

1 kg/2¼lb kylling, kuttet i 12 biter

500ml/16fl oz varmt vann

salt etter smak

**En metode**

- Mal tomater, mynteblader, korianderblader, ingefær og hvitløk til en jevn pasta. Han la den til side.
- Varm oljen i en kjele. Tilsett sennepsfrø og bukkehornkløverfrø. La dem frykte i 15 sekunder.
- Tilsett tomatpureen og stek i 2-3 minutter på middels varme. Tilsett kyllingen, vann og salt. Bland godt og kok i 40 minutter. Serveres varm.

# Murgh Lassanwallah

*(Hvitløk Kylling)*

for 4 personer

## Innhold

400 g/14 oz yoghurt

3 ts hvitløkspasta

1½ ts garam masala

salt etter smak

750g/1lb 10oz benfri kylling, kuttet i 12 biter

1 spiseskje raffinert vegetabilsk olje

1 ts spisskummen frø

25g/nok dillblader 1oz

500ml/16fl oz melk

1 ss malt svart pepper

**En metode**
- Bland yoghurt, hvitløkspasta, garam masala og salt. Mariner kyllingen med denne blandingen i 10-12 timer.
- Varm opp oljen. Tilsett spisskummen frø og dryss i 15 sekunder. Tilsett den marinerte kyllingen og stek i 20 minutter på middels varme.
- Tilsett dillblader, melk og pepper. Kok i 15 minutter. Serveres varm.

# Chili kylling Chettinad

*(Sør-indisk chili kylling)*

**for 4 personer**

## Innhold

2½ ss raffinert vegetabilsk olje

10 karriblader

3 store løk, finhakket

1 ts ingefærpasta

1 ts hvitløkspasta

½ ts gurkemeie

2 tomater, finhakket

½ ts malte fennikelfrø

¼ teskje malt nellik

500ml/16fl oz vann

1 kg/2¼lb kylling, kuttet i 12 biter

salt etter smak

1½ ts grovkvernet sort pepper

**En metode**
- Varm oljen i en kjele. Tilsett karriblader, løk, ingefærpasta og hvitløkspasta. Stek i et minutt på middels varme.
- Tilsett alle de resterende ingrediensene. Kok i 40 minutter og server varm.

# Hakket kylling med egg

for 4 personer

## Innhold

3 ss raffinert vegetabilsk olje

4 egg, kokt og hakket

2 store løk, finhakket

2 ts ingefærpasta

2 ts hvitløkspasta

2 tomater, finhakket

1 ts spisskummen

2 ts malt koriander

½ ts gurkemeie

8-10 karriblader

1 ts garam masala

750g/1lb 10oz kylling, hakket

salt etter smak

360 ml/12 fl oz vann

**En metode**

- Varm oljen i en kjele. Tilsett eggene. Stek i 2 minutter og sett til side.
- Tilsett løk, ingefærpasta og hvitløkspasta i samme olje. Stek i 2-3 minutter på middels varme.
- Tilsett alle de resterende ingrediensene unntatt vann. Bland godt og stek i 5 minutter. Tilsett vannet. Kok i 30 minutter.
- Pynt med egg. Serveres varm.

# tørr kylling

for 4 personer

## Innhold

1 kg/2¼lb kylling, kuttet i 12 biter

6 ss raffinert vegetabilsk olje

3 store løk, i tynne skiver

## Til marinaden:

8 røde paprika

1 ss sesam

1 ss korianderfrø

1 ts garam masala

4 grønne kardemomme

10 fedd hvitløk

3,5 cm/1½ tomme rot ingefær

6 ss malteddik

salt etter smak

**En metode**

- Mal alle ingrediensene til marinaden til en jevn pasta. Mariner kyllingen med denne pastaen i 3 timer.
- Varm oljen i en kjele. Stek løkene på svak varme til de er brune. Tilsett kyllingen og stek i 40 minutter, rør ofte. Serveres varm.

# Fisk Kebab

for 4 personer

## Innhold

Sverdfisk 1 kg/2¼lb, flådd og filet

4 ss raffinert vegetabilsk olje pluss ekstra til steking

75 g/2½ oz chana dhal*, bløtlagt i 250 ml/9 oz vann i 30 minutter

3 nellik

½ ts spisskummen frø

2,5 cm/1 tomme ingefærrot, revet

10 fedd hvitløk

2,5 cm/1 tomme brun

2 sorte kardemomme

8 sort pepper

4 tørkede røde paprika

¾ teskje gurkemeie

1 ss gresk yoghurt

1 ts sorte spisskummen frø

## For fylling:

2 tørkede fiken, finhakket

4 tørkede aprikoser, finhakket

saft av 1 sitron

10g/¼oz mynteblader, finhakket

10g/¼oz korianderblader, finhakket

salt etter smak

**En metode**

- Damp fisken i dampkokeren i 10 minutter på middels varme. Han la den til side.

- Varm 2 ss olje i en panne. Tøm dhalen og stek på middels varme til den er gyldenbrun.

- Bland dhal med nellik, spisskummen, ingefær, hvitløk, kanel, kardemomme, sort pepper, paprika, gurkemeie, yoghurt og sort spisskummen. Mal denne blandingen med nok vann til å danne en jevn pasta. Han la den til side.

- Varm 2 ss olje i en kjele. Tilsett denne pastaen og stek i 4-5 minutter på middels varme.

- Tilsett den kokte fisken. Bland godt og rør i 2 minutter.

- Del blandingen i 8 deler og lag kjøttboller. Han la den til side.

- Bland alle fyllingrediensene sammen. Del i 8 deler.

- Flat ut karbonadene og legg forsiktig litt av fyllet på hver karbonade. Lukk den som en pose og rull igjen for å danne en ball. Sprett ballene rett.

- Til steking, varm oljen i en panne. Tilsett kjøttbollene og stek på middels varme til de er gyldenbrune. Snu og gjenta.

- Hell av på absorberende papir og server varm.

# fiskekotelett

for 4 personer

## Innhold

500g/1lb 2oz kalkunhale, flådd og filetert

500ml/16fl oz vann

salt etter smak

1 ss raffinert vegetabilsk olje pluss ekstra for frityrsteking

1 ss ingefærpasta

1 spiseskje hvitløkspasta

1 stor løk, finrevet

4 grønne paprika, revet

½ ts gurkemeie

1 ts garam masala

1 ts spisskummen

1 ts paprika


1 tomat, blanchert og hakket

25 g/mindre 1 oz korianderblader, finhakket

2 ss mynteblader, finhakket

400g/14oz kokte erter

2 brødskiver, bløtlagt i vann og drenert

50 g/1¾oz brødsmuler

**En metode**
- Legg fisken i en kjele med vann. Tilsett salt og kok i 20 minutter på middels varme. Filtrer og sett til side.

- Til fyllet, varm 1 ss olje i en kjele. Tilsett ingefærpasta, hvitløkpasta og løk. Stek i 2-3 minutter på middels varme.

- Tilsett grønn pepper, gurkemeie, garam masala, malt spisskummen og paprikapulver. Stek i et minutt.

- Tilsett tomatene. Stek i 3-4 minutter.

- Tilsett korianderblader, mynteblader, erter og brødskiver. Bland godt. Kok på lav varme i 7-8 minutter, rør av og til. Ta av varmen og elt blandingen godt. Del i 8 like deler og sett til side.

- Mos den kokte fisken og skjær i 8 deler.

- Form hvert fiskestykke som en kopp og fyll med litt av fyllblandingen. Forsegl den som en pose, rull den til en ball og form den som en kotelett. Gjenta for de resterende delene av fisken og fyllblandingen.

- Varm olje til frityrsteking i en panne. Dypp kjøttbollene i brødsmulene og stek på middels varme til de er gyldenbrune. Serveres varm.

# Fisk Sookha

*(krydret tørket fisk)*

**for 4 personer**

## Innhold

1 cm/½ i ingefærrot

10 fedd hvitløk

1 ss korianderblader, finhakket

3 grønne paprika

1 ts gurkemeie

3 ts paprika

salt etter smak

Sverdfisk 1 kg/2¼lb, flådd og filet

50g/1¾oz tørket kokosnøtt

6-7 parfymer*, bløtlagt i 120ml/4fl oz vann i 1 time

4 ss raffinert vegetabilsk olje

60 ml/2 fl oz vann

**En metode**

- Bland ingefær, hvitløk, korianderblader, grønn pepper, gurkemeie, paprikapulver og salt. Gjør denne blandingen til en jevn pasta.

- Mariner fisken med pastaen i en time.

- Varm opp en kjele. Tilsett nøttene. Stek i et minutt på middels varme.

- Kast Kokum-bærene og tilsett Kokum-juicen. Bland godt. Fjern fra varmen og tilsett denne blandingen til den marinerte fisken.

- Varm oljen i en kjele. Tilsett fiskeblandingen og stek i 4-5 minutter på middels varme.

- Tilsett vannet. Bland godt. Dekk til med lokk og kok i 20 minutter, rør av og til.

- Serveres varm.

# Ridge Kalia

*(Fisk med kokos, sesam og pistasjnøtter)*

**for 4 personer**

## Innhold

100 g/3½ oz fersk kokosnøtt, revet

1 ts sesam

1 ss peanøtter

1 ss tamarindpasta

1 ts gurkemeie

1 ts malt koriander

salt etter smak

250 ml/8 fl oz vann

500g/1lb 2oz sverdfiskfilet

1 ss korianderblader, hakket

**En metode**

- Stek kokos, sesam og peanøtter sammen. Bland med tamarindpasta, gurkemeie, malt koriander og salt. Mal med nok vann til å danne en jevn pasta.

- Kok denne blandingen med resten av vannet i en kjele på middels varme i 10 minutter, rør ofte. Tilsett fiskefiletene og stek i 10-12 minutter. Pynt med korianderblader og server varm.

# Reker Curry Rosachi

*(Reker kokt med kokos)*

for 4 personer

## Innhold

200 g/7 oz fersk kokosnøtt, revet

5 røde paprika

1½ ts korianderfrø

1½ ts valmuefrø

1 ts spisskummen frø

½ ts gurkemeie

6 fedd hvitløk

120ml/4fl oz raffinert vegetabilsk olje

2 store løk, finhakket

2 tomater, finhakket

250 g/9 oz reker, skrellet og revet

salt etter smak

**En metode**

- Mos muskatnøtt, paprika, koriander, valmuefrø, spisskummen, gurkemeie og hvitløk med nok vann til å danne en jevn pasta. Han la den til side.

- Varm oljen i en kjele. Stek løkene på svak varme til de er brune.

- Tilsett malt kokos-chilipasta, tomater, reker og salt. Bland godt. Kok i 15 minutter, rør av og til. Serveres varm.

# Fisk fylt med dadler og mandler

for 4 personer

## Innhold

4 ørreter, 250g/9oz hver, kuttet vertikalt

½ ts paprika

1 ts ingefærpasta

250 g/9 oz friske dadler, blanchert og finhakket

75 g/2½ oz mandler, blanchert og finhakket

2-3 ss kokt ris (se fig.Her)

1 teskje sukker

¼ ts malt brunt sukker

½ ts malt svart pepper

salt etter smak

1 stor løk, i tynne skiver

## En metode

- Mariner fisken med chilipulver og ingefærpasta i en time.

- Bland dadler, mandler, ris, sukker, kanel, sort pepper og salt. Elt for å få en myk deig. Han la den til side.

- Fyll dadel-mandelmassen inn i sprekkene på den marinerte fisken. Legg den fylte fisken på et ark med aluminiumsfolie og fordel løken over.

- Pakk fisken og løken inn i folie og forsegl kantene godt.

- Stek i ovnen ved 200°C (400°F, gassmerke 6) i 15-20 minutter. Åpne folien og stek fisken i ytterligere 5 minutter. Serveres varm.

# Tandoori fisk

for 4 personer

## Innhold

1 ts ingefærpasta

1 ts hvitløkspasta

½ ts garam masala

1 ts paprika

1 spiseskje sitronsaft

salt etter smak

500g/1lb 2oz kalkunhalefilet

1 spiseskje chaat masala*

## En metode

- Bland ingefærpasta, hvitløkspasta, garam masala, chilipulver, sitronsaft og salt.

- Lag kutt på fisken. Mariner i to timer med ingefær-hvitløkblandingen.

- Grill fisken i 15 minutter. Dryss over chaat masala. Serveres varm.

# Grønnsaksfisk

for 4 personer

## Innhold

750g/1lb 10oz laksefilet, skinn

½ ts gurkemeie

salt etter smak

2 ss sennepsolje

¼ ts sennepsfrø

¼ teskje fennikelfrø

¼ teskje løkfrø

¼ teskje bukkehornkløverfrø

¼ ts spisskummen frø

2 laurbærblader

2 tørkede røde paprika, halvert

1 stor løk, i tynne skiver

2 store grønne paprika, delt på langs

½ teskje sukker

125 g/4½ oz hermetiske erter

1 stor potet, kuttet i strimler

2-3 små auberginer i skiver julienne

250 ml/8 fl oz vann

**En metode**
- Mariner fisken med gurkemeie og salt i 30 minutter.

- Varm oljen i en kjele. Tilsett den marinerte fisken og stek på middels varme i 4-5 minutter, snu av og til. Filtrer og sett til side.

- Tilsett sennepsfrø, fennikel, løk, bukkehornkløver og spisskummen i samme olje. La dem frykte i 15 sekunder.

- Tilsett laurbærblad og rød pepper. Stek i 30 sekunder.

- Tilsett løk og grønn pepper. Stek på middels varme til løken blir brun.

- Tilsett sukker, erter, poteter og auberginer. Bland godt. Rør blandingen i 7-8 minutter.

- Tilsett stekt fisk og vann. Bland godt. Dekk til med lokk og kok i 12-15 minutter, rør av og til.

- Serveres varm.

# Gulnar Tandoori

*(Ørret tilberedt i tandoor)*

for 4 personer

## Innhold

4 ørreter, 250g/9oz hver

smør til tømming

## For den første marinaden:

120ml/4fl oz malteddik

2 ss sitronsaft

2 ts hvitløkspasta

½ ts paprika

salt etter smak

## For den andre marinaden:

400 g/14 oz yoghurt

1 egg

1 ts hvitløkspasta

2 ts ingefærpasta

120ml/4fl oz enkelt fersk krem

180 g/6½ oz*

# Reker i Grønn Masala

for 4 personer

## Innhold

1 cm/½ i ingefærrot

8 fedd hvitløk

3 grønne paprika, halvert på langs

50 g/1¾oz korianderblader, hakket

1½ spiseskjeer raffinert vegetabilsk olje

2 store løk, finhakket

2 tomater, finhakket

500g/1lb 2oz store reker, skrellet og deveired

1 ts tamarindpasta

salt etter smak

½ ts gurkemeie

**En metode**

- Mal ingefær, hvitløk, chili og korianderblader sammen. Han la den til side.
- Varm oljen i en kjele. Stek løkene på svak varme til de er brune.
- Tilsett ingefær-hvitløkspasta og tomatene. Stek i 4-5 minutter.
- Tilsett reker, tamarindpasta, salt og gurkemeie. Bland godt. Kok i 15 minutter, rør av og til. Serveres varm.

# fiskekotelett

for 4 personer

## Innhold

2 egg

1 ss vanlig hvitt mel

salt etter smak

400g/14oz John Dory, flådd og filetert

500ml/16fl oz vann

2 store poteter, kokte og moste

1½ ts garam masala

1 stor løk, revet

1 ts ingefærpasta

Raffinert vegetabilsk olje for fritering

200 g/7 oz brødsmuler

**En metode**
- Pisk eggene med mel og salt. Han la den til side.
- Kok fisken i en kjele med saltet vann på middels varme i 15-20 minutter. Filtrer og elt sammen med poteter, garam masala, løk, ingefærpasta og salt til du har en myk deig.
- Del i 16 stykker, form til kuler og flat litt ut til koteletter.
- Varm oljen i en panne. Dypp kjøttbollene i de sammenpiskede eggene, dryss over brødsmuler og stek på svak varme til de blir brune. Serveres varm.

# Parsi Fish Sas

*(Fisk i hvit saus)*

**for 4 personer**

## Innhold

1 ss rismel

1 spiseskje sukker

60ml/2fl oz malteddik

2 ss raffinert vegetabilsk olje

2 store løk, i tynne skiver

½ ts ingefærpasta

½ ts hvitløkspasta

1 ts spisskummen

salt etter smak

250 ml/8 fl oz vann

8 sitronbunnsfileter

2 egg, eggerøre

**En metode**

- Mal rismel med sukker og eddik til en pastaaktig konsistens. Han la den til side.
- Varm oljen i en kjele. Stek løkene på svak varme til de er brune.
- Tilsett ingefærpasta, hvitløkspasta, malt spisskummen, salt, vann og fisk. Kok på lav varme i 25 minutter, rør av og til.
- Tilsett melblandingen og kok i et minutt.
- Tilsett eggene sakte. Bland i et minutt. Pynt og server varm.

# Peshawar spill

for 4 personer

## Innhold

3 ss raffinert vegetabilsk olje

1 kg/2¼lb laks, kuttet i biffer

2,5 cm/1 tomme ingefærrot, revet

8 fedd hvitløk, knust

2 store løk, finhakket

3 tomater, blanchert og hakket

1 ts garam masala

400 g/14 oz yoghurt

¾ teskje gurkemeie

1 ts amchoor*

salt etter smak

## En metode

- Varm opp oljen. Stek fisken på svak varme til den er gyldenbrun. Filtrer og sett til side.
- Tilsett ingefær, hvitløk og løk i samme olje. Stek på svak varme i 6 minutter. Tilsett den stekte fisken og alle de resterende ingrediensene. Bland godt.
- Kok i 20 minutter og server varm.

# Krabbe karri

for 4 personer

## Innhold

4 mellomstore krabber, renset (se<u>matlagingsteknikker</u>)

salt etter smak

1 ts gurkemeie

½ kokos, revet

6 fedd hvitløk

4-5 røde paprika

1 ss korianderfrø

1 spiseskje spisskummen frø

1 ts tamarindpasta

3-4 grønne paprika, halvert på langs

1 spiseskje raffinert vegetabilsk olje

1 stor løk, finhakket

**En metode**

- Mariner krabbene med salt og gurkemeie i 30 minutter.
- Mal alle de resterende ingrediensene, unntatt olje og løk, med nok vann til å danne en jevn pasta.
- Varm oljen i en kjele. Stek finhakket hvitløk og løk på lav varme til løken blir rosa. Tilsett litt vann. Kok i 7-8 minutter, rør av og til. Tilsett de marinerte krabbene. Bland godt og kok i 5 minutter. Serveres varm.

# sennepsfisk

for 4 personer

## Innhold

8 ss sennepsolje

4 ørreter, 250g/9oz hver

2 ts malt spisskummen

2 ts sennep

1 ts malt koriander

½ ts gurkemeie

120ml/4fl oz vann

salt etter smak

## En metode

- Varm oljen i en kjele. Tilsett fisken og stek i 1-2 minutter på middels varme. Snu fisken og gjenta. Filtrer og sett til side.
- Tilsett malt spisskummen, sennep og koriander i samme olje. La dem frykte i 15 sekunder.
- Tilsett gurkemeie, vann, salt og stekt fisk. Bland godt og kok i 10-12 minutter. Serveres varm.

# Meen Vattihathu

*(krydret rød fisk)*

for 4 personer

## Innhold

600g/1lb 5oz sverdfisk, flådd og filetert

½ ts gurkemeie

salt etter smak

3 ss raffinert vegetabilsk olje

½ ts sennepsfrø

½ ts bukkehornkløverfrø

8 karriblader

2 store løk, i tynne skiver

8 fedd hvitløk, finhakket

5 cm/2 tommer ingefær, i tynne skiver

6 parfymer*

**En metode**

- Mariner fisken med gurkemeie og salt i 2 timer.
- Varm oljen i en kjele. Tilsett sennep og bukkehornkløverfrø. La dem frykte i 15 sekunder. Tilsett alle de resterende ingrediensene og den marinerte fisken. Kok i 15 minutter på lav varme, mens du rører. Serveres varm.

# Doi Maach

*(Fisk kokt i yoghurt)*

**for 4 personer**

## Innhold

4 ørreter, flådd og filetert

2 ss raffinert vegetabilsk olje

2 laurbærblader

1 stor løk, finhakket

2 ts sukker

salt etter smak

200 g yoghurt

## Til marinaden:

3 nellik

5 cm/2in brunt stykke

3 grønne kardemomme

5 cm/2 tommer rot ingefær

1 stor løk, i tynne skiver

1 ts gurkemeie

salt etter smak

**En metode**

- Mal alle ingrediensene til marinaden sammen. Mariner fisken med denne blandingen i 30 minutter.
- Varm oljen i en kjele. Tilsett laurbærblad og løk. Stek på lav varme i 3 minutter. Tilsett salt, sukker og marinert fisk. Bland godt.
- Stek i 10 minutter. Tilsett yoghurten og kok i 8 minutter. Serveres varm.

# stekt fisk

for 4 personer

## Innhold

6 ss besan*

2 ts garam masala

1 ts amchoor*

1 ts ajowan frø

1 ts ingefærpasta

1 ts hvitløkspasta

salt etter smak

675g/1½ lb kalkunhale, flådd og filetert

Raffinert vegetabilsk olje for fritering

## En metode

- Bland alle ingrediensene unntatt fisken og oljen med nok vann til å danne en tykk pasta. Mariner fisken med denne deigen i 4 timer.
- Varm oljen i en panne. Tilsett fisken og stek i 4-5 minutter på middels varme. Vend igjen og stek i 2-3 minutter. Serveres varm.

# Setning Chop

for 4 personer

## Innhold

500g/1lb 2oz laks, flådd og filetert

salt etter smak

500ml/16fl oz vann

250 g/9 oz poteter, kokt og most

200ml/7fl oz sennepsolje

2 store løk, finhakket

½ ts ingefærpasta

½ ts hvitløkspasta

1½ ts garam masala

1 egg, pisket

200 g/7 oz brødsmuler

Raffinert vegetabilsk olje for fritering

## En metode

- Legg fisken i en kjele med salt og vann. Kok i 15 minutter på middels varme. Hell av og mos med poteter. Han la den til side.
- Varm oljen i en panne. Tilsett løken og stek på middels varme til den er brun. Tilsett fiskeblandingen og alle de

resterende ingrediensene unntatt egg og brødsmuler. Bland godt og kok på lav varme i 10 minutter.

- Avkjøl og skjær i sitronstore kuler. Flat ut og form til kjøttboller.
- Varm olje til frityrsteking i en panne. Dypp kjøttbollene i eggene, tilsett brødsmulene og stek på middels varme til de er gylne. Serveres varm.

# Sverdfisk av Goa

*(Sverdfisk tilberedt Goan Style)*

**for 4 personer**

## Innhold

50g/1¾oz fersk kokosnøtt, revet

1 ts korianderfrø

1 ts spisskummen frø

1 ts valmuefrø

4 fedd hvitløk

1 ss tamarindpasta

250 ml/8 fl oz vann

Raffinert vegetabilsk olje til steking

1 stor løk, finhakket

1 ss parfyme*

salt etter smak

½ ts gurkemeie

4 sverdfiskbiffer

**En metode**

- Mal valnøtter, korianderfrø, spisskummen, valmuefrø, hvitløk og tamarindpasta med nok vann til å danne en jevn pasta. Han la den til side.
- Varm oljen i en kjele. Tilsett løken og stek den på middels varme til den blir brun.
- Tilsett malt tomatpuré og stek i 2 minutter. Tilsett de resterende ingrediensene. Bland godt og kok i 15 minutter. Serveres varm.

# Tørrfisk Masala

for 4 personer

## Innhold

6 laksefileter

¼ fersk kokos, revet

7 røde paprika

1 spiseskje gurkemeie

salt etter smak

## En metode

- Grill fiskefiletene i 20 minutter. Han la den til side.
- Mal de resterende ingrediensene sammen til en jevn pasta.
- Bland med fisken. Kok blandingen i en kjele på lav varme i 15 minutter. Serveres varm.

# Madras reke karri

for 4 personer

## Innhold

3 ss raffinert vegetabilsk olje

3 store løk, finhakket

12 fedd hvitløk, finhakket

3 tomater, blanchert og hakket

½ ts gurkemeie

salt etter smak

1 ts paprika

2 ss tamarindpasta

750 g/1 lb 10 oz mellomstore reker, skrelt og deveired

4 ss kokosmelk

## En metode

- Varm oljen i en kjele. Tilsett løk og hvitløk og stek i et minutt på middels varme. Tilsett tomater, gurkemeie, salt, chilipulver, tamarindpasta og reker. Bland godt og stek i 7-8 minutter.
- Tilsett kokosmelken. Kok i 10 minutter og server varm.

# fisk i bukkehornkløver

for 4 personer

## Innhold

8 ss raffinert vegetabilsk olje

500g/1lb 2oz laks, filet

1 spiseskje hvitløkspasta

75 g/2½ oz friske bukkehornkløverblader, finhakket

4 tomater, finhakket

2 ts malt koriander

1 ts spisskummen

1 ts sitronsaft

salt etter smak

1 ts gurkemeie

75 g/2½ oz varmt vann

**En metode**

- Varm 4 ss olje i en panne. Tilsett fisken og stek på middels varme til den er gjennomstekt på begge sider. Filtrer og sett til side.
- Varm 4 ss olje i en panne. Tilsett hvitløkspastaen. Stek på lav varme i et minutt. Tilsett de resterende ingrediensene unntatt vannet. Stek under omrøring i 4-5 minutter.
- Tilsett buljong og stekt fisk. Bland godt. Dekk til med lokk og kok i 10-15 minutter, rør av og til. Serveres varm.

# Karimeen Porichathu

*(Fiskefilet i Masala)*

**for 4 personer**

## Innhold

1 ts paprika

1 ss malt koriander

1 ts gurkemeie

1 ts ingefærpasta

2 grønne paprika, finhakket

saft av 1 sitron

8 karriblader

salt etter smak

8 laksefileter

Raffinert vegetabilsk olje til steking

**En metode**

- Bland alle ingrediensene unntatt fisk og olje.
- Mariner fisken med denne blandingen og sett i kjøleskapet i to timer.
- Varm oljen i en panne. Tilsett fiskestykkene og stek på middels varme til de er gyldenbrune.
- Serveres varm.

# Jumbo reker

for 4 personer

## Innhold

500g/1lb 2oz store reker, skrellet og deveired

1 ts gurkemeie

½ ts paprika

salt etter smak

3 ss raffinert vegetabilsk olje

1 stor løk, finhakket

1 cm/½in ingefærrot, finhakket

10 fedd hvitløk, finhakket

2-3 grønne paprika, halvert på langs

½ teskje sukker

250 ml/8 fl oz kokosmelk

1 ss korianderblader, finhakket

**En metode**

- Mariner rekene med gurkemeie, chiliflak og salt i en time.
- Varm oljen i en kjele. Tilsett løk, ingefær, hvitløk og grønn pepper og stek i 2-3 minutter på middels varme.
- Tilsett sukker, salt og marinerte reker. Bland godt og surr i 10 minutter. Tilsett kokosmelken. Kok i 15 minutter.
- Pynt med korianderblader og server varm.

# syltet fisk

for 4 personer

## Innhold

Raffinert vegetabilsk olje til steking

Sverdfisk 1 kg/2¼lb, flådd og filet

1 ts gurkemeie

12 tørkede røde paprika

1 spiseskje spisskummen frø

5 cm/2 tommer rot ingefær

15 fedd hvitløk

250ml/8fl oz malteddik

salt etter smak

## En metode

- Varm oljen i en panne. Tilsett fisken og stek i 2-3 minutter på middels varme. Vend og stek i 1-2 minutter. Han la den til side.
- Mal de resterende ingrediensene sammen til en jevn pasta.
- Kok pastaen i en panne på lav varme i 10 minutter. Tilsett fisken, kok i 3-4 minutter, avkjøl og oppbevar i en krukke i kjøleskapet i opptil 1 uke.

# Fiskebolle karri

**for 4 personer**

## Innhold

500g/1lb 2oz laks, flådd og filetert

salt etter smak

750 ml/1¼ halvliter vann

1 stor løk

3 ts garam masala

½ ts gurkemeie

3 ss raffinert vegetabilsk olje pluss ekstra for frityrsteking

5 cm/2 tommer rot ingefær, revet

5 fedd hvitløk, knust

250 g/9 oz tomater, blanchert og i terninger

2 ss yoghurt, pisket

**En metode**

- Kok fisken med litt salt og 500ml/16fl oz vann på middels varme i 20 minutter. Bland med løk, salt, en teskje garam masala og gurkemeie for å få en jevn blanding. Del i 12 kuler.
- For fritering, varm opp oljen. Tilsett kulene og stek på middels varme til de er gyldenbrune. Filtrer og sett til side.
- Varm 3 ss olje i en kjele. Tilsett alle de resterende ingrediensene, det resterende vannet og fiskekakene. Kok i 10 minutter og server varm.

# Amritsari fisk

*(Varm krydret fisk)*

**for 4 personer**

## Innhold

200 g yoghurt

½ ts ingefærpasta

½ ts hvitløkspasta

saft av 1 sitron

½ ts garam masala

salt etter smak

675g/1½ lb kalkunhale, flådd og filetert

## En metode

- Bland alle ingrediensene unntatt fisken. Mariner fisken med denne blandingen i en time.
- Grill marinert fisk i 7-8 minutter. Serveres varm.

# Masala stekte reker

for 4 personer

## Innhold

4 fedd hvitløk

5 cm/2in ingefær

2 ss fersk kokos, revet

2 tørkede røde paprika

1 ss korianderfrø

1 ts gurkemeie

salt etter smak

120ml/4fl oz vann

750g/1lb 10oz reker, skrellet og deveired

3 ss raffinert vegetabilsk olje

3 store løk, finhakket

2 tomater, finhakket

2 ss korianderblader, hakket

1 ts garam masala

**En metode**
- Knus hvitløk, ingefær, muskat, paprika, korianderfrø, gurkemeie og salt med nok vann til å danne en jevn pasta.
- Mariner rekene med denne pastaen i en time.
- Varm oljen i en kjele. Tilsett løken og stek på middels varme til den er gjennomsiktig.
- Tilsett tomater og marinerte reker. Bland godt. Tilsett vannet, dekk med lokk og la det småkoke i 20 minutter.
- Pynt med korianderblader og garam masala. Serveres varm.

# Saltet kremet fisk

for 4 personer

## Innhold

2 ss sitronsaft

salt etter smak

Malt svart pepper etter smak

4 sverdfiskbiffer

2 skjeer smør

1 stor løk, finhakket

1 grønn paprika, kjerneskåret og hakket

3 tomater, skrelt og hakket

50 g/1¾oz brødsmuler

85 g/3 oz cheddarost, revet

**En metode**

- Dryss sitronsaft, salt og pepper over fisken. Han la den til side.
- Varm oljen i en kjele. Tilsett løk og grønn pepper. Stek i 2-3 minutter på middels varme. Tilsett tomater, brødsmuler og ost. Stek i 4-5 minutter.
- Fordel denne blandingen jevnt over fisken. Pakk inn i aluminiumsfolie og stek i en ovn ved 200°C (400°F, gassmerke 6) i 30 minutter. Serveres varm.

# Pasanda reker

*(Kokte reker med yoghurt og eddik)*

**for 4 personer**

## Innhold

250 g/9 oz reker, skrellet og revet

salt etter smak

1 ts malt svart pepper

2 ts malteddik

2 ts raffinert vegetabilsk olje

1 spiseskje hvitløkspasta

2 store løk, finhakket

2 tomater, finhakket

2 vårløk, finhakket

1 ts garam masala

250 ml/8 fl oz vann

4 ss gresk yoghurt

**En metode**
- Mariner rekene med salt, pepper og eddik i 30 minutter.
- Grill rekene i 5 minutter. Han la den til side.
- Varm oljen i en kjele. Tilsett hvitløkspasta og løken. Stek i et minutt på middels varme. Tilsett tomater, løk og garam masala. Stek i 4 minutter. Tilsett de grillede rekene og vannet. Kok på lav varme i 15 minutter. Tilsett yoghurt. Bland i 5 minutter. Serveres varm.

# Sverdfisk

*(Sverdfisk tilberedt i Goan saus)*

**for 4 personer**

## Innhold

4 røde paprika

6 fedd hvitløk

2,5 cm/1 tomme rot ingefær

½ ts gurkemeie

1 stor løk

1 ts tamarindpasta

1 ts spisskummen frø

1 spiseskje sukker

salt etter smak

120ml/4fl oz malteddik

1 kg/2¼lb sverdfisk, renset

Raffinert vegetabilsk olje til steking

**En metode**

- Mal alle ingrediensene sammen unntatt fisk og olje.
- Lag snitt i sverdfisken og mariner med den malte blandingen, fyll åpningene med en sjenerøs mengde av blandingen. La stå i en time.
- Varm oljen i en panne. Tilsett den marinerte fisken og stek på svak varme i 2-3 minutter. Snu og gjenta. Serveres varm.

# Teekha Jhinga

*(Varme reker)*

**for 4 personer**

## Innhold

4 ss raffinert vegetabilsk olje

1 ts fennikelfrø

2 store løk, finhakket

2 ts ingefærpasta

2 ts hvitløkspasta

salt etter smak

½ ts gurkemeie

3 ss garam masala

25 g/meager 1 oz tørket kokosnøtt

60 ml/2 fl oz vann

1 spiseskje sitronsaft

500g/1lb 2oz reker, skrellet og deveired

**En metode**
- Varm oljen i en kjele. Tilsett fennikelfrø. La dem frykte i 15 sekunder. Tilsett løk, ingefærpasta og hvitløkspasta. Stek i et minutt på middels varme.
- Tilsett de resterende ingrediensene unntatt rekene. Stek i 7 minutter.
- Tilsett rekene og stek i 15 minutter, rør ofte. Serveres varm.

# Balchow reker

*(Cooked Prawns Goan Way)*

**for 4 personer**

## Innhold

750g/1lb 10oz reker, skrellet og deveired

250ml/8fl oz malteddik

8 fedd hvitløk

2 store løk, finhakket

1 ss malt spisskummen

¼ teskje gurkemeie

salt etter smak

120ml/4fl oz raffinert vegetabilsk olje

50 g/1¾oz korianderblader, hakket

## En metode

- Mariner rekene i 4 ss eddik i 2 timer.
- Mal den gjenværende eddiken med hvitløk, løk, malt spisskummen, gurkemeie og salt for å danne en jevn pasta. Han la den til side.
- Varm oljen i en kjele. Stek rekene på svak varme i 12 minutter.

- Tilsett pastaen. Bland godt og kok på lav varme i 15 minutter.
- Pynt med korianderblader. Serveres varm.

# Reker Bhujna

*(Tørkede reker i kokos og løk)*

**for 4 personer**

## Innhold

50g/1¾oz fersk kokosnøtt, revet

2 store løk

6 røde paprika

5 cm/2 tommer rot ingefær, revet

1 ts hvitløkspasta

4 ss raffinert vegetabilsk olje

5 tørre lukter*

¼ teskje gurkemeie

750g/1lb 10oz reker, skrellet og deveired

250 ml/8 fl oz vann

salt etter smak

**En metode**
- Mal sammen muskat, løk, paprika, ingefær og hvitløkspasta.
- Varm oljen i en kjele. Tilsett pastaen med Kokum og gurkemeie. Stek på lav varme i 5 minutter.
- Tilsett reker, vann og salt. La småkoke i 20 minutter, rør ofte. Serveres varm.

# Chingdi Macher på malaysisk

*(Reker i kokos)*

**for 4 personer**

## Innhold

2 store løk, revet

2 ss ingefærpasta

100 g/3½ oz fersk kokosnøtt, revet

4 ss raffinert vegetabilsk olje

500g/1lb 2oz reker, skrellet og deveired

1 ts gurkemeie

1 ts spisskummen

4 tomater, finhakket

1 teskje sukker

1 teskje ghee

2 nellik

2,5 cm/1 tomme brun

2 grønne kardemomme

3 laurbærblad

salt etter smak

4 store poteter, kuttet i terninger og stekt

250 ml/8 fl oz vann

**En metode**

- Mal løk, ingefærpasta og kokos til en jevn pasta. Han la den til side.
- Varm oljen i en panne. Tilsett rekene og stek i 5 minutter på middels varme. Filtrer og sett til side.
- I den samme oljen, tilsett malt pasta og alle de resterende ingrediensene unntatt vannet. Kok i 6-7 minutter under omrøring. Tilsett de stekte rekene og vann. Bland godt og kok i 10 minutter. Serveres varm.

# Fish Curry Bata

*(Fisk med sennepspasta)*

for 4 personer

## Innhold

4 skjeer sennepsfrø

7 grønne paprika

2 ss vann

½ ts gurkemeie

5 ss sennepsolje

salt etter smak

1 kg/2¼lb sitronbunn, skrelt og filetert

## En metode

- Mal alle ingrediensene unntatt fisken med nok vann til å danne en jevn pasta. Mariner fisken med denne blandingen i en time.
- Damp i 25 minutter. Serveres varm.

# Fiskegryte

for 4 personer

## Innhold

1 spiseskje raffinert vegetabilsk olje

2 nellik

2,5 cm/1 tomme brun

3 laurbærblad

5 sort pepper

1 ts hvitløkspasta

1 ts ingefærpasta

2 store løk, finhakket

400 g/14 oz frosne blandede grønnsaker

salt etter smak

250ml/8fl oz varmt vann

500g/1lb 2oz mørbrad

1 ss vanlig hvitt mel oppløst i 60ml/2fl oz melk

**En metode**

- Varm oljen i en kjele. Tilsett nellik, kanel, laurbærblad og sort pepper. La dem frykte i 15 sekunder. Tilsett hvitløkspasta, ingefærpasta og løk. Stek i 2-3 minutter på middels varme.
- Tilsett grønnsakene, salt og vann. Bland godt og kok i 10 minutter.
- Tilsett fiske- og melblandingen forsiktig. Bland godt. Kok i 10 minutter på middels varme. Serveres varm.

# Jhinga Nissa

*(Reker med yoghurt)*

for 4 personer

## Innhold

1 spiseskje sitronsaft

1 ts ingefærpasta

1 ts hvitløkspasta

1 ts sesam

200 g yoghurt

2 grønne paprika, finhakket

½ ts tørkede bukkehornkløverblader

½ ts malt nellik

½ ts malt brun

½ ts malt svart pepper

salt etter smak

12 store reker, avskallede og uten årer

**En metode**

- Bland alle ingrediensene unntatt rekene. Mariner rekene med denne blandingen i en time.
- Kast de marinerte rekene på spyd og grill i 15 minutter. Serveres varm.

# Blekksprut Vindaloo

*(Blekksprut tilberedt i krydret Goan-saus)*

**for 4 personer**

## Innhold

8 ss malteddik

8 røde paprika

3,5 cm/1½ tomme rot ingefær

20 fedd hvitløk

1 ts sennepsfrø

1 ts spisskummen frø

1 ts gurkemeie

salt etter smak

6 ss raffinert vegetabilsk olje

3 store løk, finhakket

500g/1lb 2oz blekksprut, i skiver

**En metode**

- Bland halvparten av eddiken med paprika, ingefær, hvitløk, sennepsfrø, spisskummen, gurkemeie og salt til en jevn pasta. Han la den til side.
- Varm oljen i en kjele. Stek løkene på svak varme til de er brune.
- Legg til gulvlager. Bland godt og surr i 5-6 minutter.
- Tilsett blekkspruten og den resterende eddiken. Kok på lav varme i 15-20 minutter, rør av og til. Serveres varm.

# hummer balchow

*(krydret hummer tilberedt i Goan Curry)*

for 4 personer

## Innhold

400 g/14 oz hummerkjøtt, i terninger

salt etter smak

½ ts gurkemeie

60ml/2fl oz malteddik

1 teskje sukker

120ml/4fl oz raffinert vegetabilsk olje

2 store løk, finhakket

12 fedd hvitløk, finhakket

1 ts garam masala

1 ss korianderblader, hakket

**En metode**

- Mariner hummeren med salt, gurkemeie, eddik og sukker i en time.
- Varm oljen i en kjele. Tilsett løk og hvitløk. Stek på svak varme i 2-3 minutter. Tilsett den marinerte hummeren og garam masala. Kok på lav varme i 15 minutter, rør av og til.
- Pynt med korianderblader. Serveres varm.

# Aubergine reker

for 4 personer

## Innhold

4 ss raffinert vegetabilsk olje

6 sort pepper

3 grønne paprika

4 nellik

6 fedd hvitløk

1 cm/½ i ingefærrot

2 ss korianderblader, hakket

1½ spiseskjeer tørket kokosnøtt

2 store løk, finhakket

500g/1lb 2oz aubergine, i skiver

250 g/9 oz reker, skrellet og revet

½ ts gurkemeie

1 ts tamarindpasta

salt etter smak

10 cashewnøtter

120ml/4fl oz vann

**En metode**

- Varm 1 ss olje i en kjele. Tilsett sort pepper, grønn pepper, fedd, hvitløk, ingefær, korianderblader og muskat i 2-3 minutter på middels varme. Gjør blandingen til en jevn pasta. Han la den til side.
- Varm opp den resterende oljen i en kjele. Tilsett løken og stek i et minutt på middels varme. Tilsett aubergine, reker og gurkemeie. Stek under omrøring i 5 minutter.
- Tilsett kraften og alle de resterende ingrediensene. Bland godt og kok i 10-15 minutter. Serveres varm.

# grønne reker

for 4 personer

## Innhold

saft av 1 sitron

50 g/1¾oz mynteblader

50 g/1¾oz korianderblader

4 grønne paprika

2,5 cm/1 tomme rot ingefær

8 fedd hvitløk

En klype garam masala

salt etter smak

20 mellomstore reker, skrelte og uten årer

## En metode

- Bland alle ingrediensene unntatt rekene til en jevn pasta. Mariner rekene med denne blandingen i en time.
- Tøm rekene. Grill i 10 minutter, snu av og til. Serveres varm.

# Koriander fisk

for 4 personer

## Innhold

3 ss raffinert vegetabilsk olje

1 stor løk, finhakket

4 grønne paprika, finhakket

1 ss ingefærpasta

1 spiseskje hvitløkspasta

1 ts gurkemeie

salt etter smak

100 g/3½ oz korianderblader, hakket

Laks 1 kg/2¼lb, flådd og filet

250 ml/8 fl oz vann

## En metode

- Varm oljen i en kjele. Stek løken på svak varme til den er brun.
- Tilsett alle de resterende ingrediensene unntatt fisk og vann. Stek i 3-4 minutter. Tilsett fisken og fres i 3-4 minutter.
- Tilsett vannet. Bland godt og kok i 10-12 minutter. Serveres varm.

# Malayisk fisk

*(Stekt fisk i fløtesaus)*

for 4 personer

## Innhold

250ml/8fl oz raffinert vegetabilsk olje

1 kg/2¼lb havabborfileter

1 ss vanlig hvitt mel

1 stor løk, revet

½ ts gurkemeie

250 ml/8 fl oz kokosmelk

salt etter smak

## For krydderblandingen:

1 ts korianderfrø

1 ts spisskummen frø

4 grønne paprika

6 fedd hvitløk

6 ss vann

**En metode**

- Mal ingrediensene til krydderblandingen sammen. I en liten bolle, klem blandingen for å trekke ut saften. Tilpass juicen. Kast skallet.
- Varm oljen i en panne. Dekk fisken med mel og stek på middels varme til den er gyldenbrun. Filtrer og sett til side.
- Tilsett løken i samme olje og stek den på middels varme til den blir brun.
- Tilsett krydderblandingsvannet og alle de resterende ingrediensene. Bland godt.
- Kok i 10 minutter. Tilsett fisken og stek i 5 minutter. Serveres varm.

# Konkani fiskekarri

for 4 personer

## Innhold

Laks 1 kg/2¼lb, flådd og filet

salt etter smak

1 ts gurkemeie

1 ts paprika

2 ss raffinert vegetabilsk olje

1 stor løk, finhakket

½ ts ingefærpasta

750 ml/1¼ halvliter kokosmelk

3 grønne paprika, halvert på langs

## En metode

- Mariner fisken med salt, gurkemeie og paprika i 30 minutter.
- Varm oljen i en kjele. Tilsett løk og ingefærpasta. Stek på middels varme til løken er gjennomsiktig.
- Tilsett kokosmelk, grønn pepper og marinert fisk. Bland godt. Kok i 15 minutter. Serveres varm.

# Krydret hvitløksreker

for 4 personer

## Innhold

4 ss raffinert vegetabilsk olje

2 store løk, finhakket

1 spiseskje hvitløkspasta

12 fedd hvitløk, finhakket

1 ts paprika

1 ts malt koriander

½ ts malt spisskummen

2 tomater, finhakket

salt etter smak

1 ts gurkemeie

750g/1lb 10oz reker, skrellet og deveired

250 ml/8 fl oz vann

**En metode**
- Varm oljen i en kjele. Tilsett løk, hvitløkspasta og hakket hvitløk. Stek på middels varme til løken er gjennomsiktig.
- Tilsett de resterende ingrediensene unntatt rekene og vannet. Stek i 3-4 minutter. Tilsett rekene og fres i 3-4 minutter.
- Tilsett vannet. Bland godt og kok i 12-15 minutter. Serveres varm.

# Enkel fiskekarri

for 4 personer

## Innhold

2 store løk, delt i kvarte

3 nellik

2,5 cm/1 tomme brun

4 sort pepper

2 ts korianderfrø

1 ts spisskummen frø

1 tomat, delt i kvarte

salt etter smak

2 ss raffinert vegetabilsk olje

750g/1lb 10oz laks, flådd og filetert

250 ml/8 fl oz vann

## En metode

- Mal alle ingrediensene sammen unntatt olje, fisk og vann. Varm oljen i en kjele. Tilsett deigen og stek på svak varme i 7 minutter.
- Tilsett fisken og vannet. Kok i 25 minutter, rør ofte. Serveres varm.

# Goan Fish Curry

for 4 personer

## Innhold

100 g/3½ oz fersk kokosnøtt, revet

4 tørkede røde paprika

1 ts spisskummen frø

1 ts korianderfrø

360 ml/12 fl oz vann

3 ss raffinert vegetabilsk olje

1 stor løk, revet

1 ts gurkemeie

8 karriblader

2 tomater, blanchert og hakket

2 grønne paprika, halvert på langs

1 ss tamarindpasta

salt etter smak

1 kg/2¼lb laks, i skiver

**En metode**

- Bland muskat, paprika, spisskummen og korianderfrø til en tykk pasta med 4 ss vann. Han la den til side.
- Varm oljen i en kjele. Stek løken på svak varme til den er gjennomsiktig.
- Tilsett kokospastaen. Stek i 3-4 minutter.
- Tilsett alle de resterende ingrediensene unntatt fisken og resten av vannet. Stek i 6-7 minutter. Tilsett fisken og vannet. Bland godt og kok i 20 minutter, rør av og til. Serveres varm.

# Reker Vindaloo

*(Reker tilberedt i krydret Goan Curry)*

**for 4 personer**

**Innhold**

   3 ss raffinert vegetabilsk olje

   1 stor løk, revet

   4 tomater, finhakket

   1½ ts paprika

   ½ ts gurkemeie

   2 ts malt spisskummen

   750g/1lb 10oz reker, skrellet og deveired

   3 ss hvit eddik

   1 teskje sukker

   salt etter smak

**En metode**

- Varm oljen i en kjele. Tilsett løken og stek i 1-2 minutter på middels varme. Tilsett tomater, chilipulver, gurkemeie og spisskummen. Bland godt og kok i 6-7 minutter, rør av og til.
- Tilsett rekene og bland godt. Kok på lav varme i 10 minutter.
- Tilsett eddik, sukker og salt. Kok i 5-7 minutter. Serveres varm.

# Fisk i Green Masala

for 4 personer

## Innhold

750g/1lb 10oz sverdfisk, flådd og filetert

salt etter smak

1 ts gurkemeie

50 g/1¾oz mynteblader

100 g/3½ oz korianderblader

12 fedd hvitløk

5 cm/2 tommer rot ingefær

2 store løk, hakket

5 cm/2in brun

1 ss valmuefrø

3 nellik

500ml/16fl oz vann

3 ss raffinert vegetabilsk olje

**En metode**

- Mariner fisken med salt og gurkemeie i 30 minutter.
- Mal de resterende ingrediensene, unntatt oljen, med nok vann til å danne en tykk pasta.
- Varm oljen i en kjele. Tilsett tomatpureen og stek i 4-5 minutter på middels varme. Tilsett den marinerte fisken og resten av vannet. Bland godt og kok i 20 minutter, rør av og til. Serveres varm.

# Østers masala

for 4 personer

## Innhold

500g/1lb 2oz østers, renset (se fig.matlagingsteknikker)

salt etter smak

¾ teskje gurkemeie

1 ss korianderfrø

3 nellik

2,5 cm/1 tomme brun

4 sort pepper

2,5 cm/1 tomme rot ingefær

8 fedd hvitløk

60g/2oz fersk kokosnøtt, revet

2 ss raffinert vegetabilsk olje

1 stor løk, finhakket

500ml/16fl oz vann

**En metode**

- damp (jf<u>matlagingsteknikker</u>) østers i dampkokeren i 20 minutter. Dryss salt og pepper over dem. Han la den til side.
- Mal de resterende ingrediensene sammen unntatt olje, løk og vann.


- Varm oljen i en kjele. Tilsett bakken pasta og løken. Stek på middels varme i 4-5 minutter. Tilsett de dampede østersene og stek i 5 minutter. Tilsett vannet. Kok i 10 minutter og server varm.

# prikk fisk

for 4 personer

## Innhold

2 ts ingefærpasta

2 ts hvitløkspasta

1 ts garam masala

1 ts paprika

2 ts malt spisskummen

2 ss sitronsaft

salt etter smak

Monkfish 1 kg/2¼lb, flådd og filet

Raffinert vegetabilsk olje for grunn steking

2 egg, eggerøre

3 skjeer semulegryn

**En metode**

- Bland ingefærpasta, hvitløkspasta, garam masala, chilipulver, spisskummen, sitronsaft og salt. Mariner fisken med denne blandingen i to timer.
- Varm oljen i en panne. Dypp den marinerte fisken i eggene, rull inn semulegryn og stek i 4-5 minutter på middels varme.
- Vend og stek i 2-3 minutter. Hell av på absorberende papir og server varm.

# Aubergine fylt med reker

for 4 personer

## Innhold

4 ss raffinert vegetabilsk olje

1 stor løk, finrevet

2 ts ingefærpasta

2 ts hvitløkspasta

1 ts gurkemeie

½ ts garam masala

salt etter smak

1 ts tamarindpasta

180 g/6½ oz reker, skrellet og revet

60 ml/2 fl oz vann

8 små auberginer

10 g/¼oz korianderblader, hakket, til pynt

**En metode**

- Til fyllet, varm halvparten av oljen i en panne. Tilsett løken og stek den på svak varme til den blir brun. Tilsett ingefærpasta, hvitløkspasta, gurkemeie og garam masala. Stek i 2-3 minutter.
- Tilsett salt, tamarindpasta, reker og vann. Bland godt og kok i 15 minutter. Sett til side til avkjøling.
- Del den ene enden av en aubergine med en kniv. Skjær dypere rundt korset, og la den andre enden være ukuttet. Fyll rekeblandingen inn i dette hulrommet. Gjenta for hele auberginen.
- Varm opp den resterende oljen i en panne. Tilsett den fylte auberginen. Stek på lav varme i 12-15 minutter, snu av og til. Pynt og server varm.

www.ingramcontent.com/pod-product-compliance
Lightning Source LLC
Chambersburg PA
CBHW070409120526
44590CB00014B/1326